EXISTIENDO, HABITANDO LO ARQUITECTÓNICO
I

Primera edición 2015

Directorio

Dra. en Arq. María Elena Hernández Álvarez
Directora

Mtra. en Arq. Patricia Barroso Arias
Coordinación de Contenido Editorial
Versión impresa y versión digital en: www.architecthum.edu.mx
Colaboración:
Arq. Milena Quintanilla Carranza

Mtro. en Arq. Federico Martínez Reyes
Coordinación Editorial
Colaboración:
Roberto Israel Peña Guerrero

Mtro. Guillermo Samperio/Rodrigo de Sahagún
Fundación Cultural Samperio, A.C.
Revisión ortotipográfica y de estilo

Ilustración de portada:
Federico Martínez Reyes

Queda prohibida la reproducción total o parcial de esta obra incluido el diseño tipográfico y de portada sea cual fuere el medio, electrónico o mecánico, sin el consentimiento por escrito del editor.

El contenido, la selección del material escrito, su organización y la redacción de los artículos, son responsabilidad absoluta de sus autores, quienes han cedido de manera no exclusiva sus derechos de autor a esta edición.

©ARCHITECTHUM PLUS S.C.
Díaz de León 122-2
Aguascalientes, Aguascalientes
México CP 20000
libros@architecthum.edu.mx

ISBN 978-607-9137-29-8

Presentación

La construcción de la Teoría de la Arquitectura, que es el sustento de todo diseño arquitectónico, implica un complejo proceso reflexivo y crítico mediante el cual se verifica a distancia y en profundidad la enseñanza y la praxis del oficio de ser arquitecto. Si la Arquitectura, es decir, lo habitable, le concierne a todo ser humano, las premisas de ella misma sólo pueden concebirse de manera transdisciplinaria sustentándose en todos los campos del conocimiento porque, además, es a todos ellos a quien va destinado su servicio.

Asimismo, las manifestaciones del humanismo están asociadas a la conciencia social del hombre y a sus circunstancias existenciales en el mundo, de tal suerte que se deben ir generando consideraciones ontológicas y epistémicas en el plano formativo y profesional para el arquitecto. Por ello, asumir una formación humanista desde sus más altos y nobles ideales, constituye una necesidad cada vez más apremiante en el mundo de hoy; y es esto lo que nos transmite una imagen del arquitecto como persona que piensa, que crea y que produce una arquitectura orientada hacia el bien común.

Actualmente, gracias a esfuerzos de profesores e investigadores de nuestro Programa Académico, como la Dra. María Elena Hernández y de su grupo de colaboradores, proyectos editoriales como esta Colección Arquitectura y Humanidades, hacen posible pensar en una Teoría de la Arquitectura impresa con un sello particular en donde el proceso de enseñanza aprendizaje no se concibe ya como un proceso educativo centrado únicamente en la adquisición de conocimientos y habilidades, sino como un compromiso reflexivo y crítico que reclama un cambio de orientación dirigido a la búsqueda de nuevos nexos y relaciones disciplinares, particularmente aquí con las Humanidades.

Así, validando este enfoque transdisciplinar, se escriben y difunden en este proyecto editorial, colección Arquitectura y Humanidades, ideas artísticas, científicas, éticas, filosóficas, poéticas e históricas, que provienen de numerosas visiones del mundo arquitectónico, sustentadas en ideologías, teorías y posturas que están en correspondencia con las exigencias del mundo contemporáneo.

Es esencial que nuestra Facultad de Arquitectura sea parte de las instituciones educativas que contribuyen a la formación de arquitectos conscientes y reflexivos para que esto nos permita, no solamente vivir en el mundo actual, sino además, transformarlo de manera transdisciplinaria para la sustentabilidad y sostenibilidad que el futuro nos demanda.

Así, la Colección Arquitectura y Humanidades nos convoca a la reflexión filosófica que comprende a la arquitectura desde su núcleo, el hombre, y al arquitecto como el profesional dotado de razón, de conocimiento y de capacidad para construir, pensar y diseñar lugares de verdadera calidad habitable.

Sabemos que este proyecto editorial queda establecido para ser puerta abierta permanente a las colaboraciones de quienes consideren el trabajo transdisciplinario como una fuente necesaria para validar, hoy más que nunca, las pautas de diseño de los espacios que los seres humanos habitamos.

Mtro. en Arq. Alejandro Cabeza Pérez
Coordinador del Programa de Maestría y Doctorado en Arquitectura
Facultad de Arquitectura
Universidad Nacional Autónoma de México
Enero de 2015

Prólogo

La *Colección Arquitectura y Humanidades*, tiene el objetivo de fortalecer los lazos entre ambos campos de conocimiento, ya que uno sin el otro no podrían concebirse. Si comprendemos que, tanto la Arquitectura como las Humanidades conciernen a todo ser humano, es por ello que este proyecto centra su propósito en compartir los esfuerzos de muchas personas por enriquecer los encuentros transdisciplinarios que coadyuvan al compromiso con la calidad de las pautas de diseño de los espacios que habitamos los seres humanos.

En este proyecto editorial presentamos numerosos trabajos de exalumnos y profesores del Seminario y Taller de Investigación *Arquitectura y Humanidades* fundado en 1997 en el Programa de Maestría y Doctorado en Arquitectura de la Universidad Nacional Autónoma de México. A partir de ese año, esta *Colección Arquitectura y Humanidades*, tanto en sus versiones digitales como en la impresa, también se ha visto enriquecida de manera significativa con la generosa colaboración de muchos académicos y profesionales de diversas instancias y países.

Los números de este proyecto editorial se presentan organizados en temáticas generales abiertas para multiplicarse secuencialmente. Los artículos en cada número dan a conocer importantes reflexiones teóricas cuyo interés primordial es contribuir a la formación de investigadores y de docentes, así como el promover la generación y divulgación del conocimiento y la cultura arquitectónica y humanística.

Inaugura la lista de autores el Dr. Jesús Aguirre Cárdenas, quien, además de contribuir con un importante ensayo sobre el tema central de esta Colección, ha otorgado en todo momento su apoyo al proyecto académico *Arquitectura y Humanidades*. Expreso aquí mi profunda gratitud y admiración al Dr. Jesús Aguirre Cárdenas por su confianza a esta propuesta académica editorial y, sobre todo, por su inigualable ejemplo humano a seguir; él siempre abriendo caminos.

Por mi conducto, todos los autores que participamos en esta Colección expresamos nuestra gratitud a las autoridades de la Facultad de Arquitectura de la Universidad Nacional Autónoma de México, especialmente a su Director el Arquitecto Marcos Mazari Hiriart, al Maestro en Arquitectura Alejandro Cabeza Pérez, Coordinador del Programa de Maestría y Doctorado en Arquitectura y al Maestro en Arquitectura Salvador Lizárraga, Coordinador editorial de la Facultad de Arquitectura, por el reconocimiento que otorgan a la trayectoria de los autores que participan en esta *Colección Arquitectura y Humanidades*, así como a la calidad de los ensayos que en ella se presentan.

Finalmente, mi especial reconocimiento a la Maestra en Arquitectura Patricia Barroso Arias y al Maestro en Arquitectura Federico Martínez y a sus colaboradores por las incontables horas de entrega, creatividad, compromiso, liderazgo y confianza a este proyecto editorial.

María Elena Hernández Álvarez
México, Distrito Federal , diciembre de 2014

Volumen 8

EXISTIENDO, HABITANDO LO ARQUITECTÓNICO I

Prólogo
MARÍA ELENA HERNÁNDEZ ÁLVAREZ

Introducción
PATRICIA BARROSO ARIAS

La morada, una espacialidad constitutiva del "ser ahí"
PATRICIA BARROSO ARIAS

Espacio, forma y estructura
JUAN CARLOS CALDERÓN ROMERO

Espacio en el espacio:
Arquitectura donde se expande el alma
KARINA CONTRERAS CASTELLANOS

Arquitecturas
EFIGENIA CUBERO

Historia de una ciudad suspendida o todo espacio
JUAN MANUEL DE JESÚS ESCALANTE

La plaza de convivencia comunitaria: ya existía, pero no había sido fundada. Una reflexión sobre el habitar.
ERIKA ENCISO SOSA
72

El habitar y el diseño arquitectónico
MARÍA ELENA HERNÁNDEZ ÁLVAREZ
84

Comprendiendo al habitante de la obra arquitectónica. Reflexiones desde el pensamiento de Michel Foucault
JORGE ANÍBAL MANRIQUE PRIETO
98

El patio. Espacio esencial para los niños en México
NORMA GUADALUPE MARTÍNEZ ARZATE
120

Los espacios para los niños
MARCOS MEJÍA LÓPEZ
128

Ciudad ¿obras de la mente, el azar o un sueño?
YHESSY AURORA PAREDES CHÁVEZ
134

La Alhambra, un ejemplo de trascendencia edificada en relación con el texto: Habitar, construir, pensar, de Martin Heidegger
MILENA QUINTANILLA CARRANZA
140

Una lectura del texto "Construir, habitar, pensar" de Martín Heidegger
MARCOS VINICIUS TELES GUIMARAES
146

Sobre los autores
154

Introducción

PATRICIA BARROSO ARIAS

El diseño arquitectónico participa en la prefiguración del entorno habitable, por ello el habitar se convierte en el escenario de la conducta humana donde se lleva a cabo la vida cotidiana en su acción individual y social, aquí los hábitos se expresan con actos y la suma de éstos implica una permanencia; este conjunto de acciones necesita de un lugar para que se lleven a cabo, de tal manera que el modo en cómo manifestamos nuestros comportamientos espaciales se vierte a la espacialidad constitutiva del ser ahí, en donde cada rincón, cada estancia, cada sitio del que nos apropiamos, es parte de nuestra existencia.

El residir se expresa en las diferentes escalas del entorno construido que se conforma en la casa, en el patio, en la calle, en los jardines y en las plazas, este entorno construido contempla a las organizaciones espaciales más complejas como la ciudad. Por ello, la manera de generar y proyectar los distintos hábitats que producimos y distinguimos como arquitectónicos, se relacionan con el estudio de la realidad social, es decir, con la comprensión de las relaciones que genera el ser humano con el espacio que habita dentro de una cultura.

El habitar es una forma de existir porque es producto de diversas facultades humanas, este término conlleva muchos significados y nos lleva a entender la unidad que se genera entre el hombre, su existencia y su lugar cuando existe una relación de pertenencia y territorialidad, en este sentido, se desvela algo que va más allá de la descripción objetiva de los objetos y se anida en las concepciones subjetivas de lo que significa pensar el habitar como un fenómeno cultural que requiere de un diálogo continuo con el pensamiento, el ser y sus quehaceres cotidianos.

Si esto es así, entonces ¿qué es habitar? es más que un simple estar, es morar. Esta visión nos hace revisar las siguientes cuestiones ¿de qué depende el hecho del habitar?, ¿es una condición del hombre o es característica de algunas construcciones?, cuando hablamos de alojamiento, vivienda, casa o morada, donde uno encuentra descanso y se regresa para permanecer, se habita y se funda un lugar para modificar y auto-construir nuestra manera de morar, manifestando la voluntad de expresión de un particular modo de residir. La conformación de un espacio adquiere una significación peculiar porque adquiere los cambios de nuestra voluntad, aquí se manifiestan las variaciones de los estilos y se reflejan nuestros deseos, costumbres, hábitos, ritmos de vida, acciones, gustos y necesidades.

En sí, este fenómeno cultural conlleva la coexistencia y manifiesta la comprensión de la relación entre el ser humano con sus posesiones, su existencia y su permanencia en cierto lugar. A través de éste, el hábitat cobra su propia singularidad, por ello cuando hablamos y pensamos en el habitar representamos el comportamiento espacial que adopta el hombre al hacerlo; sin embargo, cuando reflexionamos en este concepto y nos preguntamos ¿cómo podemos configurar la esfera del habitar? Y ¿cuáles son los elementos o acciones que lo conforman? Nos percatamos de lo siguiente: para concebir y materializar lo que distinguimos como la habitabilidad o cualidad de lo habitable, es indispensable enlazar los procesos de producción del objeto, desde la acción proyectual con la comprensión de las diversas formas y estilos de vida.

16

La morada, una espacialidad constitutiva del "ser ahí"

PATRICIA BARROSO ARIAS

El hábitat humano
¿Qué sería de la arquitectura si no pensamos en las relaciones espaciales que genera el ser humano al habitar? Y si no reflexionamos en los momentos que surgen para compartir, para mirarse, para charlar con los amigos, para conversar con los compañeros del trabajo, para convivir con la familia o para observar y conocer a las personas que transitan al paso de nosotros. Con esta preocupación, nos adentramos al análisis del hábitat donde se define la escena de las acciones privativas o colectivas del ser humano y donde se generan correspondencias entre el ser, sus acciones, sus comportamientos y los lugares que habita para establecer distancias y convivencias.

La conformación del hábitat exige grados de implicación de cada habitante con el proceso de definición de su propia espacialidad, asimismo, al despertarse un sentido de pertenencia se marca con ello la pauta de la territorialidad, señalada bajo una expresión particular (o lenguaje formal) que juega con objetos y elementos para adecuar, modificar o manipular un lugar. Como veremos, el hábitat humano no sólo demarca sitios o territorios, sino que se carga de significado; en este caso, si analizamos el sentido de la espacialidad constitutiva del "ser ahí" que menciona Heidegger, habrá que poner de manifiesto que ésta entra en relación ontológica con el mundo, en donde el "ser ahí" se vuelve a un ser en el mundo, a un ser espacial.

"Aquí, la "intuición formal" del espacio descubre las puras posibilidades de relaciones espaciales. En el descubrimiento del espacio puro, homogéneo, se da una serie gradual que va desde la morfología pura de las figuras espaciales, pasando por el *analysis situs*, hasta la ciencia puramente métrica del espacio" (El ser y el tiempo, 1999, p. 127). Entonces ¿podemos pensar en estas relaciones espaciales del ser y concebir que el mismo sujeto es espacial? ¿Será esta complejidad de relaciones la epistemología del espacio arquitectónico? Interesantes cuestiones que surgen cuando queremos estudiar la concepción de la unidad entre el hombre y su hábitat, ya sea su casa, su lugar de trabajo o cualquier espacialidad dada. En sí, cuando se indaga en estas acepciones sobre el "ser ahí" y su espacialidad constitutiva, encontramos que su conjugación está en la misma formación y construcción del hábitat humano, en donde se organiza la actividad del ser.

Como lo enfatiza Camacho, "la organización espacial es el escenario material tempo-espacial del hábitat humano que se interrelaciona física-química y biológicamente con la organización natural, obteniéndose el espacio significado rural-urbano-arquitectónico o de cualquier arte contextual, medios donde se realizan las actividades de los individuos según su organización social y por último el ambiente, que se genera en la correlación final de las entidades" (2002, p. 43).

Por otro lado, retomando las ideas de Heidegger, podemos comprender que la existencia es espacial, que no puede disociarse el hombre del espacio y que la relación del hombre con los lugares consiste en la residencia, ésta es la propiedad esencial de la existencia. "En sí, el "ser en el mundo" es sin duda una estructura necesaria *a priori* del "ser ahí" (…) el "en" procede de "habitar en", "detenerse en" (…) "Ser en" es, según esto, la expresión existencial y formal del "ser ahí", que tiene la esencial estructura del "ser en el mundo"" (El ser y el tiempo, 1999, p. 67).

Existimos ocupando y espaciando cualquier lugar que habitamos, que transitamos o visitamos, en esta acción de "espaciar" se integran muchos actos y comportamientos que al estudiarlos nos permiten comprender qué es lo que está inmerso en la configuración del hábitat. En sí el hábitat se puede considerar como la espacialidad constitutiva del "ser ahí", donde generamos significados atribuidos a cada lugar, sitio o rincón; en este sentido, el término hábitat, prestado de la ecología, tiene una connotación territorial y se emplea hoy para referirse al mundo poblado por la humanidad, en sentido amplio éste se aplica al conjunto de condiciones naturales que inciden sobre una especie y el lugar mismo en que vive esa especie, en este caso es sinónimo de medio. Es una acepción humana y se aplica a los modos y lugares de agrupación de las viviendas humanas ("Diccionario de ecología, ecologismo y medio ambiente", 1984).

El hábitat es lo que nos rodea o circunscribe, como lo describe Iglesia: "El hábitat no es un lugar como los otros, es uno de los modos privilegiados que coloca e instala al hombre en un espacio y un tiempo cuyas dimensiones no se dejan reducir a su significación, hay toda una serie de articulaciones entre las diversas maneras de haber vivido y de vivir y de esperar vivir, tanto a nivel individual y familiar como colectivo, la casa, la calle, el barrio, la región son sus manifestaciones reales" (Salignon, B., Quést-Ce Qu´habiter, p.19, citado por Iglesia en Pensar el habitar, 1998).

Sin embargo, muchas veces se le ha llamado al hábitat, medio ambiente, como sistema integrado por condiciones o influencias externas al ser humano, aun así, entendemos que el lugar de habitar es un terreno en donde el hombre se apropia para manifestarse, estar de alguna manera y permanecer, esto implica una acción, un movimiento y una ocupación para establecerse. Su concepción va más allá e integra la demarcación de territorios, estamos hablando de la existencia de un lugar, viéndolo muchas veces como el resguardo, el rincón, el refugio o la esfera personal; el hábitat humano conforma el sitio pensado y el lugar donde ocurre la espacialidad del ser. Es un escenario, un lugar de identidad donde se realiza una secuencia de usos, de esta manera, se toma como el terreno donde se encuentra un modo de asentamiento del hombre, este hábitat tiende a convertirse mientras se ocupa, a veces se modifica y se organiza con el fin de hacerlo habitable. En esto, descubrimos que el aspecto expresivo y la ordenación del lugar en función del habitar mismo, implica a diversos aspectos que se ven inmersos en las tareas cotidianas, al hablar del sentido que cobra el hábitat humano relacionamos por consecuencia el término de habitar y se entretejen dos cuestiones importantes ¿Cómo se define la noción del habitar? Y ¿Qué aspectos del habitar inciden en el comportamiento espacial?

El habitar como fenómeno cultural
El mundo construido es un cuerpo que aloja y es una experiencia

que otorga sentido a la existencia, en éste la valoración de la morada como objeto material no es la misma del utensilio, del mueble o del artefacto, sino que, está ligada directamente al sentido y comprensión del habitar. La ponderación de valores de otra índole como el aprecio del patrimonio cultural, el disfrute de los espacios urbanos, el sentido de pertenencia y apropiación, se oponen al sentido actual de materialismo, transacción comercial y criterio utilitario; ya que, estos últimos desvalorizan el mundo que se habita, problema al que nos enfrentamos hoy en día, para dejar a un lado el significado que cobra la morada como primer refugio del ser.

En este sentido nos cuestionamos cómo podremos diseñar y reflexionar en los contenidos necesarios que se implican al proyectar una vivienda sin caer en un estereotipo y romper los esquemas sobre el consumo masivo del objeto. Como veremos, hay numerosos trabajos que dan cuenta de la resistencia al desarraigo de relaciones espacio-vida, sin embargo, se ha visto que la mutabilidad social y cultural incide en la problemática espacial; esto es, en la transformación y destrucción de disposiciones espaciales para generar nuevas organizaciones, cosa que enfatiza Romero al señalar que "habitar en el mundo moderno significa enfrentarnos a grandes procesos de transformación de la vida humana que está rompiendo con gran parte de los conceptos y valores sobre los que sustentábamos la existencia" (Romero,1999). El lugar, entonces, nace entre lo creado y lo dado, estas dos condiciones de aparición del lugar indican que no hay hombre y además espacio, sino que existen al mismo tiempo, esto es que el hombre al estar y ocupar el espacio genera un lugar. Dicho lugar conlleva aspectos humanos relativos a la existencia del ser para convertirse en un elemento significativo, premisa fundamental que nos obliga a reflexionar y nos motiva a investigar ¿cuáles son las condiciones del hábitat contemporáneo?

Es importante entender que la producción actual de lo arquitectónico, nos permita como seres humanos habitar nuestra casa, integrando condiciones formales que giran en torno a la comprensión de la existencia. El arquitecto contemporáneo no podrá ya preocuparse solamente por la condición formal y geométrica del objeto, dejando a un lado a sus habitantes; sino por el contrario, tendrá que hacer énfasis en el mismo fin que busca la producción arquitectónica, que es el habitar. En sí, tendríamos que hablar ya del objeto desde la manera en cómo se habita y se concibe desde su condición proyectual, para saber cómo se manifiesta dicha noción. Habitar es una condición que no debería escaparse al arquitecto, aunque su entendimiento sea complejo y su conocimiento nos lleve más allá del campo disciplinar para analizar el conjunto de acciones y comportamientos espaciales que se realizan en los objetos.

Las diferencias en tiempos culturales dan hoy como resultado la coexistencia de modos y sentidos distintos de habitar y por tanto, de experiencias distintas de la arquitectura. La modernización, la industrialización y la globalización han generado unos modos de vida en apariencia semejantes, basados principalmente en la consolidación de hábitos de consumo masivo. De ahí que llegue a pensarse hoy en un sentido único de habitar, internacional, cosmopolita, el del ciudadano del mundo; en este caso, uno de los aspectos más interesantes y complejos del momento actual de la presencia humana es precisamente esa coexistencia de diferentes modos de habitación y de vida que representan diferentes estadios de la sociedad humana, la lectura e interpretación de algunos de esos modos de habitar permite reconstruir al menos en parte, las vivencias.

Paradójicamente, tanto el habitar como el habitante, han sido presentados como cosa moldeable, sin conocer el fenómeno; en este caso, se establece que habitar se refiere a un sinfín de fenómenos que se reúnen en un discurso conceptual que indica relaciones, características y mutaciones, que para comprenderlos habrá que analizarlos. De esta manera, la influencia del mundo moderno que se transmite a través de los diversos medios, altera gradual o violentamente esos modos de habitar, los híbrida y los hace incluso desaparecer. Esto nos muestra una postura que nos expresa en una visión general sobre cuál es la problemática actual del residir y su concepción en la conformación de la morada, en este sentido, se señala que el habitar se enfrenta a un proceso de transformación que modifica usos, costumbres, ritos y rompe mitos sobre cómo concebíamos la actividad humana; asimismo, se manifiesta que "necesitamos entender los procesos, mediaciones, percepciones y relaciones presentes en estas nuevas condiciones del habitar moderno y contemporáneo, habitar diferenciado y polarizado por la diversidad y desigualdad social" (Romero F. G., Salceda S. J, 2011).

Pero ¿cómo podemos entender esto?, ¿cómo podemos evaluarlo?, ¿podemos hablar de un habitar de los ricos a diferencia de un habitar de los pobres, como si la condición de los recursos económicos lo detonara?, ¿no es esta una visión clasista que cataloga, divide y discrimina a todas la esferas sociales? ¿Realmente podemos comprender el fenómeno del habitar desde toda su complejidad? O sólo atendemos a ciertos grupos y tendemos a catalogar y a marginar a toda la sociedad en sí. Cuestiones interesantes que surgen al abordar el tema y que nos muestran por un lado, que comprender su sentido como tal de manera seccionada no es tarea fácil y, por otro lado, vemos que tampoco podremos homologar un habitar como si fuera una condición homogénea que sólo depende de un factor económico, porque sería falso.

Entonces ¿cómo podremos comprender esta condición social y cultural de la producción arquitectónica? pensando que dependiente o independiente de un factor económico y de una visión política, va más allá, para incidir en la misma comprensión de la actividad del ser humano. ¿Con qué elementos podemos evaluar la condición del habitar? ¿Hay en ésta cuestiones de calidad o se piensa en categorías del habitar? En estas breves reflexiones caemos en la cuenta de que primero habrá que definir qué entendemos por la condición social, conocer cuáles son las conformaciones de la sociedad actual y sus modificaciones, para entender por qué se transforma el sentido del habitar en cada una y probablemente llegar a explicar o aproximarnos al tema de la misma producción social de lo arquitectónico desde la comprensión del habitar humano.

Al respecto Guzmán L. nos dice: "La sociedad humana es una multiplicidad en la unidad. Cada hombre presenta una individualidad inconfundible y propia, es decir, es sólo y siempre el mismo y jamás puede confundirse con ellos. Pero en todos los hombres y en cada uno de ellos está siempre presente la misma humanidad (...) Sin embargo, la sociedad humana no es un organismo físico, en el cual las partes existen sólo en cuanto tales (…) cada uno de los hombres- tiene una consistencia existencial, son principios originarios de actividad, tienen un fin intrínseco propio frente al cual la misma sociedad y su fin tienen razón de medio. Su humanidad no es producto de la sociedad. No son hombres en cuanto, miembros de la sociedad. La sociedad es una expresión de su humanidad y una actuación suya" (Sociología, 1987, p.28).

Será que el origen del habitar y su entendimiento radica primero en esta comprensión misma del sentido individual del ser humano, haciendo conciencia en sus hábitos costumbres, apropiaciones, territorialidades, distancias, movimientos, actividades, etc., para después entender ¿cómo se relaciona colectivamente? Y no es esto ¿lo que tratamos de comprender cuando nos enfrentamos a un usuario? El habitar como fenómeno cultural requiere de un diálogo continuo con el pensamiento y con nuestras acciones, asimismó con la manera de generar y proyectar los distintos hábitats que producimos y distinguimos como arquitectónicos, en relación con el estudio de la realidad, es decir, de las relaciones que genera el ser humano con el espacio que habita dentro de una sociedad. El habitar es una forma de pensar lo cultural porque es producto de diversas facultades humanas, cuando nos preguntamos ¿En dónde estamos? Y nos ubicamos, es porque reconocemos los objetos que se encuentran a nuestro alrededor, una mesa, una silla, una calle, una plaza o un edificio.

Reconocer el orden del espacio "nos recuerda que estamos ahí, estamos presentes ahí y no en otro lado (…) Los objetos que colocamos en nuestro espacio configuran la manera como nos hacemos presentes en él, ordenándolo y dándole sentido. Lo mismo sucede cuando reconocemos el perfil de una ciudad en una postal o en una fotografía" (Giglia A., El habitar y la cultura, 2012, p.5).

Cuando reconocemos el entorno, nos ubicamos y dirigimos al lugar de destino, de tal manera que relacionamos nuestra presencia física con el espacio que habitamos y esta conciencia sobre nuestra presencia en el lugar, nos dice que estamos habitando. Esta relación con el mundo que nos rodea, nos lleva a ser conscientes de nuestra realidad operativa y de que en la serie de nuestros actos, actividades y comportamientos se conjuga este fenómeno social y cultural del habitar. "El adoptar esta idea de habitar como sinónimo de relación con el mundo mediada por el espacio" le permite a Giglia relacionar el término de habitar con el de residir y con la serie de prácticas rutinarias y las incidencias que tienen en el hábitat humano.

Sin embargo, contemplar el sentido del habitar como sinónimo de "relación en el mundo" mediante el comportamiento espacial, implica un proceso de continua interpretación, modificación y simbolización del entorno que nos rodea, con lo cual lo humanizamos, transformándolo en el lugar moldeado por la intervención de un individuo o varios inmersos en una cultura. En este caso, habitar tiene que ver con la manera en cómo se manifiesta una sociedad cultural. "El habitar es una de las actividades humanas más elementales y universales, y es un fenómeno cultural. Como toda actividad cultural está enmarcada en el tiempo, en el doble sentido de que está vinculada a las condiciones existentes en cierto momento, pero también en el sentido de que es una actividad incesante y de alguna manera inagotable, que se reproduce y se recrea continuamente" (Giglia, 2012, p.9).

Este término "habitar" es cercano al de hábito, "que significa costumbre, uso, destreza y dependencia" (Diccionario de uso del español actual, 1997), asociándose con el vivir y residir, en este caso, el término "hábito" se define como cierta particularidad del comportamiento de una persona que se repite en el tiempo y en el espacio, habitar implica la permanencia en un lugar, donde se lleva a cabo el desarrollo de hábitos particulares, acciones que se consideran los ritos de la vida diaria, quien habita adquiere costumbres propias y hace parte de su vida en un lugar. "Es tener un lugar en el mundo desde el cual se extienden los vínculos de comunicación y de participación en aquello que se ofrece como opción de vida en un territorio o en una ciudad. El cuerpo necesita un lugar para descansar, las pertenencias de las personas, pocas o muchas, requieren espacios para localizarse, almacenarse y apoyar la existencia" (Saldarriaga, 2002, p.33).

Implica psique y cuerpo y en estas acciones, se originan prácticas y actividades que se reflejan en la organización formal del hábitat, de tal manera que buscamos entender cómo se piensa y cómo se manifiesta o expresa cuando se concibe la arquitectura. Habitar o residir es el principio básico de la existencia, cosa que Bachelard (La poética del espacio, 2000) la describe como una de las grandes fuerzas integrantes de la vida del hombre; en este caso, la existencia del hombre depende del establecimiento y de una imagen ambiental significativa. Esta idea también queda respaldada por la postura de Shulz, quien señala: "Habitar implica algo más que "refugio": Implica que los espacios donde ocurre la vida son lugares, en el verdadero sentido de la palabra. Un lugar es un espacio el cual tiene un carácter distintivo (…) Lugar es evidentemente una parte integral de la existencia (…) ¿Qué, entonces, queremos decir con la palabra "lugar"?, obviamente queremos decir algo más que una localización abstracta. Queremos decir una totalidad formada de cosas concretas, que poseen sustancia material, forma, textura y color. Juntas estas cosas determinan un "carácter ambiental" (…), el cual es la esencia del lugar" (Genius Loci, 1979, pp. 5,6 y 8).

En este sentido pensamos que el concepto de habitar se presenta como una respuesta significativa a la comprensión de la organización espacial, como lo señala Schulz, "es extraordinario como el hombre entreteje redes y lazos con ciertas cualidades de los objetos y entre sí mismo, formando en esta trama la propia existencia del individuo" (Existencia, espacio y arquitectura, 1975, p.15). O como lo señala Romero, "en el habitar, el territorio, el lugar, el sitio, el espacio, tienen un sentido y una percepción diversa. Variada, que se vive conjuntamente con todos los demás aspectos y significados de nuestra existencia. Por ello, en la naturaleza del habitar coexisten procesos simbólicos, sociales, físico-espaciales, materiales, etc." (Romero, 1999).

El habitar es el fundamento de la experiencia de la arquitectura, no es una acción específica sino un fenómeno existencial y cultural complejo que se lleva a cabo en un escenario espacio-temporal. Esto nos invita a reflexionar sobre cómo podemos disponer de lugares cuyo propósito explícito es alojar a los seres humanos, ya que "la vida de los seres está íntimamente ligada a los hechos construidos; no se puede prescindir de su presencia" (Saldarriaga, 2002, p.38). Dado su carácter existencial, la experiencia de la arquitectura puede ser analizada desde esta misma perspectiva, ya sea desde una condición ideal e imaginaria o bien desde una percepción espacial del lugar. Entonces, el habitar significa vivir, estar interactuando con los objetos con la espacialidad misma, en esta acción se conjuga los usos, se generan las modificaciones, adaptaciones, conductas, comportamientos y se involucran significaciones. Como lo dice Doberti: "La palabra habitar señala algo que es ineludible para los seres humanos. No existe ninguna persona que no habite y no hay momento alguno en que no lo haga: habitamos todos y habitamos siempre" (1992, p.25).

Éste significa, pues, entender la unidad que se genera entre el hombre y su hábitat ya que está profundamente anclado al ser y a su comportamiento, éste como fenómeno cultural y acción conlleva la coexistencia y manifiesta la comprensión de la relación entre el ser, el tener, el residir y estar ahí. Aquí el hábitat cobra su propia singularidad, por ello cuando hablamos y pensamos en el habitar representamos el comportamiento espacial que adopta el hombre al hacerlo; sin embargo, cuando reflexionamos en este concepto, nos preguntamos ¿cómo podemos configurar la esfera del habitar? Y ¿qué elementos o acciones lo conforman? Si entendemos que la producción arquitectónica nos lleva a la comprensión y elaboración del hábitat como territorio personal y colectivo del ser humano, entonces ¿qué conciencia tenemos de esto cuando proyectamos o producimos lo que distinguimos como lo arquitectónico? ¿Podemos hacer o generar un sistema de relaciones más o menos perceptibles para el habitante? ¿Podemos concebir, plasmar y materializar la noción del habitar a través de un sistema de relaciones que estudien los hábitos, actitudes y comportamientos espaciales? ¿Cómo se logra esto? ¿Y cómo se enseña?

La importancia de los aspectos socioculturales, físicos biológicos y psicológicos del habitar que inciden en el proceso de producción del hábitat
¿Pueden englobarse todos los actos espaciales que se generan en el objeto arquitectónico? En este caso, presumimos que al diseñar se integra un acto intencional, intelectual e intuitivo. Por ello, analizar esta secuencia relacional de comportamientos espaciales del ser en su hábitat, nos remite a connotaciones

culturales, históricas, ideológicas, económicas, psicológicas, físicas biológicas, perceptuales, antropológicas, filosóficas, sociológicas y arquitectónicas; y todas estas condiciones nos remiten a su vez a conceptos inmersos como confort, territorialidad, pertenencia, apropiación, personalización, micro-universo, hábitos, usos, actividades, etc. Para analizar la manera en cómo habitamos y saber qué diferencia hay entre habitar y ocupar el espacio, es necesario analizar el entorno que nos rodea y pensar la forma que nos induce, nos limita y define algunas funciones como habitantes; por ello, cabe señalar la importancia de los diversos aspectos que intervienen en el fenómeno del habitar y detectar sus incidencias en la configuración del hábitat, distinguiendo los siguientes componentes:

a. En la comprensión de los aspectos socioculturales, se muestra que la vida humana está caracterizada por la generación de vínculos que facilitan la agrupación de personas para distintos fines, el hombre determina su acción en la sociedad, su papel y su desempeño en diversas actividades socioculturales en las que puede manifestarse. Asimismo, se posiciona en una esfera socio económica por sus recursos, elije donde trabajar y cómo vivir, además, se relaciona para establecerse en familia, solo o en pareja e interactúa de diversas maneras con las personas, con su medio familiar, laboral, afectivo y urbano, sigue ritos, costumbres y hábitos.

b. Los aspectos físicos biológicos, nos señalan que la persona es en un cuerpo, en cuanto es materia física y tangible, tiene huesos, carne, músculos y articulaciones, a partir de su cuerpo genera movimientos, desplazamientos, acciones y articula toda su motricidad para relacionarse con el ambiente, con su hábitat, con los demás seres humanos y con los objetos con los que convive diariamente. Asimismo, mediante la actividad física desarrolla todas sus acciones y comportamientos.

c. Dentro de los aspectos psicológicos, se entiende que cada sujeto es único y tiene la capacidad de ser consciente de su individualidad, es uno entre otros, es consciente de que existe como ser único e irrepetible, se percibe como alguien, se conoce a sí mismo, tiene una vida interior y una visión de la realidad. La persona vive en un mundo interior, es decir, siente, piensa, aprende, se emociona, desarrolla una personalidad e identidad, posee una conciencia y sigue creencias. El hombre es libre y es responsable de sí mismo, con posibilidades de decisión y elección; por consiguiente, es trascendente porque es consciente de sí mismo y puede ir más allá de todo lo que lo condiciona. Su mente y su pensamiento determinan toda su vida, acciones y comportamientos, son la guía de su existencia (Rúa P., Salud integral, 733.doc).

Como vemos, el ser humano en su historia, sus creencias y sus comportamientos, entraña estas formas de expresión y las plasma en su hábitat, su comportamiento espacial se gesta con una serie de agentes que determinan su actuación social, cultural, biológica y física, etc. Por ello, una organización espacial resulta de propósitos específicos, se ajusta a diferentes normas, necesidades, valores y deseos de los usuarios. Este anclaje de actividades cotidianas, es físico e imaginario, por eso en la relación particular del hombre con su hábitat se establecen connotaciones de apropiación y pertenencia.

La morada, una unidad entre el hombre y su ser ahí

En la época contemporánea el diseñador y la sociedad en sí cobijan el sentido de la precariedad de las cosas y esta noción de la morada, cuyo núcleo es la misma habitación, se muda y vive en la incertidumbre, donde el hombre se hace nómada y la concepción de la vivienda contemporánea se ve afectada por diversos conceptos: reducción espacial, reducción de habitaciones, una pequeña cocina, sala multifuncional, ya que sirve de estudio, cuarto de tv, estar, de alcoba; una terraza-tendedero, un baño sin luz, ni ventilación, en un espacio mínimo donde el lavamanos pega literalmente con el wc o la regadera, accesos y puertas para un paso casi del lado; esto es lo que compone el conjunto de la vivienda actual y nos muestra que hemos perdido la noción del habitar, reflejando que ya no se piensa, no se reflexiona en ésta, ni se analiza. Tampoco se estudia y se indaga en el modo de vida, ya que se ha sustituido por una visión mercantilista y sociedad de consumo, haciendo ya muy típico el patrón de la vivienda mínima tipificada y multiplicada para responder inconscientemente al rápido crecimiento demográfico de la ciudad. Entonces, en defensa de un análisis más profundo se aboga por reflexionar en un hacer consciente sobre la misma producción de lo arquitectónico.

Enfatizando esto, el texto de Ekambi, manifiesta una reacción contra la idea racional y consumista de un mundo en el que el espacio está homogéneamente repartido y en el que el lugar del ser individual no posee ninguna cualidad específica, por ello, habrá que tomar conciencia sobre la configuración espacial y su estructuración formal, en este caso, se nos invita a reflexionar sobre ¿cómo establecemos los atributos de lo arquitectónico y cómo los diseñamos? Si hacemos énfasis en la unidad que se genera entre el hombre y su morada.

Como lo destaca Van Eyck, "la casa es tan compleja como la ciudad y la ciudad es tan compleja cualitativamente como una casa porque ambas alojan y acomodan la misma gente" (*"La casa, la vivienda"*,1992). Aquí el ser humano es un individuo que forma parte de una comunidad y su acto de habitar está vinculado con actos similares que desarrollan otros seres humanos, por ello, las fronteras entre lo colectivo y lo individual, entre lo público y lo privado, entre lo compartido y lo íntimo, responden a formas diversas de conciencia, de aquello que puede ser realizado con otros. En el mundo moderno el individuo como sujeto se estableció como medida de todas las cosas, en la sociedad de masas la autonomía individual y la voluntad colectiva son objeto de manejo a través de diversos mecanismos en donde la construcción en serie de la vivienda, uno de los máximos logros del mundo moderno, es también una de las manifestaciones más evidentes de la masificación del espacio habitacional, esta uniformidad implícita en la concepción en serie del objeto es o pretende ser la imagen de la uniformidad social que alberga. En sí, la vivienda individualizada y diferente es un privilegio cada vez más escaso.

Entonces, ¿cómo concebimos la morada y cuáles son sus significados? La morada es el hábitat del ser humano en donde se definen territorios, se valora y califica la disposición espacial no sólo por un sentido funcional, práctico o utilitario, sino que en ésta se cuajan las conductas, se evocan simbolismos, se integran esquemas operativos relacionales ya sean individuales o colectivos. En la casa habitamos con los nuestros y establecemos límites espaciales y simbólicos, en ésta definir un territorio es asumirlo en una extensión física e imaginaria; podemos recorrerlo, marcarlo de una forma u otra, pero le damos entidad, la morada es una frontera protectora, un resguardo. Como bien la describe Villoro (1997), una casa es un continente de significados, un crisol de recuerdos, sensaciones, experiencias. Es difícil separar la palabra "casa", de la palabra "vida" y de la palabra "tiempo", lo que más nos une a nuestra casa es el paso de los años, lo que más asombra es su imperceptible proceso de hacerse casa, de arraigarse en la identidad de quien la habita. Una casa es una etapa de la vida: la infancia está en aquel jardín con una reja negra junto a la que crecía una planta de hierbabuena, las baldosas del patio donde se tiraba el agua, los escalones fríos de una escalera por donde se miraba subir a los adultos, la tina de un baño donde flotaban los juguetes. La primera casa es casi siempre un espacio fragmentado, un caleidoscopio caótico de sensaciones e imágenes concretas.

A partir de concebir cada habitación, en la morada se va caracterizando un uso, la cocina se llena de muebles y utensilios para guisar, el comedor se configura con otros muebles para comer y compartir un momento de charla familiar o de los integrantes; en sí cada ligar se va personalizando y se va ordenando individual y colectivamente. En la morada "estos límites definen un <<dentro>> y un <<fuera>>, un <<mi casa>> y un <<la casa de otros>>" (La percepción del hábitat, 1974, p.11), donde se pretende materializar una superficie vacía que se busca llenar. El sentido de esta unidad entre el hombre y su morada va más allá de una preocupación por protegerse de agentes externos del ambiente, ya que esta unidad cobra un sentido más amplio, no es sólo refugio, sino que se carga de connotaciones simbólicas, prácticas, utilitarias y hasta connota un estatus social, cultural y económico.

Pero realmente ¿cómo configuramos el núcleo de la vivienda? ¿Es cierto que retomamos y analizamos estos conceptos? O simplemente diseñamos objetos con usuarios anónimos que imaginamos vivirán cómodamente en una casa de interés social, nivel medio o residencial con las mínimas dimensiones. El problema central que surge a raíz de analizar esta unidad entre el hombre con su morada nos remite necesariamente al problema de la habitabilidad. En este caso buscamos estudiar y reflexionar sobre toda la serie de relaciones que se generan de la relación del hombre con su vivienda, incidiendo así en el tema del habitar y su relación directa con el diseñar.

Según Moles "la esfera de apropiación personal, la vivienda que es <<concha individual, inviolable, cerrada con llave, refugio donde el ser está rodeado exclusivamente de seres y objetos familiares sobre los que ejerce su dominio de señor, y propietario, sus desplazamientos están estrechamente limitados allí, pero sin esfuerzo apreciable, sin un empleo rígido del tiempo; el ser se adhiere a su concha, estamos ante una esfera de espontaneidad sin esfuerzo". En un inventario de las conchas humanas que vaya desde la esfera del gesto al "espacio del proyecto, (a) la zona del viaje y la exploración (…) pasando por el barrio, la ciudad y la región, la esfera de la apropiación personal queda definida globalmente por su carácter privado. Y nosotros nos preguntaremos si existen en el interior de esta concha diferentes grados de privacidad" (La percepción del hábitat, 1974, p.14-15).

Hablamos, entonces de espacios comunitarios y privados, accesos, umbrales, pasillos y pórticos, esta morada es una esfera de apropiación personal, es un marco, un lugar, donde el sentido del habitar engloba actos y apropiaciones, es el receptáculo de todo esto; por ello, "la imagen del hábitat es ante todo una imagen-objeto" (Ekambi, La percepción del hábitat, 1974, p.21). La configuración de la morada debería ser reflejo de una reflexión profunda y consciente, intensamente ligada al modo de vida de sus habitantes y su sentido de habitar. "La habitation es tributaria de las tradiciones y las costumbres. Al ser su duración mayor que la de la vida humana, transmite al hombre la manera de vivir de sus antepasados y ayuda así a perpetuar las características comunes de una época (…) la habitation refleja también de modo evidente las diferencias sociales" (Ekambi, 1974, p.14-15).

Blondel escribe: "Si se levanta un palacio para un príncipe, se debe pensar en todo lo que conviene a la cuna y la comodidad de los funcionarios y otros domésticos que han de servirle; si se construye una casa para un señor menos ilustre, hay que consultar igualmente el lugar que ocupa y el número de los que están a su servicio a fin de determinar adecuadamente la magnificencia y la extensión de su edificio. Si se edifica para un hombre que ocupa un cargo público es preciso distribuir los lugares según las exigencias de su ministerio" (Enciclopedia Larousse en 10 volúmenes (1962), citada por Ekambi, 1974, p.23).

La morada es sinónimo de vivienda, asentamiento, alojamiento, residencia, casa, habitáculo, piso, apartamento, habitación. La vivienda se define como una casa, un lugar definido, limitado por fronteras explícitas, la cual engloba una secuencia de habitaciones, en ésta, el habitar es el destino final. La composición de este microuniverso afecta o modifica nuestro comportamiento, la manera en cómo vemos o entendemos el mundo, refleja como tomamos posesión del lugar y cómo conformamos esos pequeños rincones. "Es preciso, pues, disponer al lado de los espacios comunitarios espacios privados en los que el individuo pueda ejercitar su poder sin menoscabar la libertad de los otros y sin que los otros la limiten. Esto nos lleva a la idea de identificación entre habitante y habitación matizándola. Si bien es deseable que el ser encuentre un lugar donde pueda expresarse plenamente -y esta es la razón del ser de las habitaciones y rincones altamente privados- también es necesaria la confrontación con otros. Los espacios comunitarios la hacen posible. Esta espacialización de lo comunitario y lo privado (…) es necesaria para el florecimiento del ser humano. (…) al hablar de nuestra casa ponemos en ello una gran parte de nosotros mismos, y esto se explica y comprende bien en la medida en que existe una relación de identificación-proyección entre el habitante y el habitar" (1974, pp.38, 39).

¿Se puede generar una imagen que conjugue esto y establecer lo que puede ser en general ya no un hábitat personal, sino una casa?, cosa interesante que sugiere Ekambi, realmente podremos diseñar una noción de confort y llevarlo al plano material. Pero, ¿cómo forjamos esto?, se cuestiona si la espacialidad surge o no en el juego dialéctico entre las relaciones que establece el ser humano con otros, por un lado, y la reflexión y el repliegue sobre sí mismo por otro, mediante la alternancia de los social y lo individual en un movimiento renovado e ininterrumpido, que puede dictar patrones de movimiento, de desplazamientos y distancias. ¿Podemos entonces, reconocer las diferentes manifestaciones del habitar? El lugar, el territorio, la espacialidad, el significado. El habitar aborda la condición humana, como lo señala Iglesia, "he tratado de demostrar que el habitar no es una actividad cualquiera junto a otras, es una determinación esencial del hombre, decisiva en su relación total con el mundo" (Iglesia, R., Habitar, Diseñar, 2011, p.11).

En sí, el uso caracterizado en cada habitación está definido por los muebles y su equipamiento, en sí la funcionalidad de cada habitación depende de sus componentes, circulaciones, objetos, mobiliario. ¿Pero, cómo representamos esta idea de personalización que tienen los habitantes para la percepción de su espacio vivencial en la morada (real o ideal)? El objeto es indicador de la significación de la habitación y definen de cierta manera los posibles modos de ocuparlas, (Ekambi, 1974, p.56). Podemos entonces realizar un estudio analizando todos los componentes del diseño para cada contenido, integrando las intenciones que podemos deducir de ello, sumados a una interpretación sobre el sentido del habitar. De esta manera, podemos esbozar un primer acercamiento para la comprensión de esto, si observamos cómo se desarrollan estos conceptos (pertenencia, territorialidad, adecuación) y se manifiestan tangiblemente en el uso y ocupación espacial, en la misma demarcación de límites, ordenación de objetos, etc.

Como lo ejemplifica Ekambi "en la entrada encontramos: un perchero, un gran espejo, flores y un asiento. La entrada, el primer lugar con el que se encuentra uno al penetrar en el hábitat, es, como ya veremos al analizar las constelaciones de atributos, un espacio-drenaje y toda una representación de sí, a través del hábitat tomado como signo" (1974, p.57). Estos actos, entrar y salir forman parte de un ritual sólidamente anclado en las costumbres, pero nos ponemos a reflexionar en esto, en realidad sabemos ¿qué ocurre en la entrada de la casa? En el acceso realizamos diversas actividades, el uso del timbre, recibir, entrar o platicar en la entrada con el vecino, éste significa el umbral, el paso al territorio privado de una persona que cobra "identidad propia". Entonces la entrada tiene una primera connotación, ser el primer lugar de recepción del individuo que llega del exterior y pasa al interior, es el filtro donde se realizan unos gestos o comportamientos espaciales, entonces, se piensa en la entrada donde uno recibe al otro, donde uno se quita el abrigo, deja el paraguas y otros accesorios, por ello, cercano al acceso se ubica un perchero, un armario, una consola, etc. Los elementos que caracterizan la entrada obedecen dos funciones, ser el límite de lo público y lo privado o exterior e interior y simbolizar mediante una prefiguración un determinado lenguaje que conjuga hábitos y ritos de recepción.

"La entrada, que es en realidad un lugar de paso, que ocupa un lugar insignificante en el presupuesto tiempo de ocupación del espacio, que tiene normalmente una superficie muy reducida, es pese a todo un lugar privilegiado y resulta esencial la funcionalidad de los elementos que la componen" (Ekambi, 1974, p.39). Pero después qué ocurre en el comedor y en la estancia, si se conciben como áreas semipúblicas, aquí se realizan diversidad de acciones repetitivas, comidas, reposo, distención, charlas, visitas; y a veces son multifuncionales, se van conformando como el comedor-estudio, la sala-biblioteca y cuarto de tv, por la condición dimensional.

En estas configuraciones se colocan los objetos personales, el modular, los cuadros, el trinchador, los sillones, la mesa, las sillas, la vitrina, etc. Su funcionalidad va de acuerdo al uso que le otorga el usuario, de tal manera que en ocasiones se generan habitaciones comunitarias y semiprivadas, recámaras compartidas, baño que da servicio a todos los integrantes de la familia y a veces tenemos que habitar un trozo de jardín. Si analizamos todo esto, cuestionamos si puede una constelación de atributos propiciar la apropiación espacial y detectar la configuración del grado de privacidad de las diferentes habitaciones, como lo establece Ekambi: "El individuo necesita barreras contra los ruidos y la vista de innumerables visitantes entre los que se cuentan incluso esos descarnados visitantes que son la televisión y la radio, y el programa elegido por uno u otro miembro de la familia. Además, es preciso que la familia se proteja contra la elección de los vecinos inmediatos, y la vecindad ha de protegerse contra su más amplio entorno" (La percepción del hábitat, 1974, p.71, citando a Chermayeff y Alexander).

Entonces, ¿podemos tener o generar una imagen del sentido de privacidad?, ¿cómo se configuran las habitaciones en la morada a partir de su comprensión?, ¿cómo configuramos los espacios sociales o comunitarios y los individuales?, ¿en razón de qué elementos los diseñamos? "¿Dónde encontrar un lugar para descansar, para concentrarse, para la contemplación, la introspección, la sensibilidad, para todo lo que constituye un factor de intimidad? (…) La privacidad es particularmente importante, allí donde vive el hombre: su casa, su piso, su morada" (Ekambi, 1974, p.72).

A veces se pueden generar reagrupaciones de calificativos cualitativos que significan y se interpretan para establecer el sentido de la imagen dada, para Chombart de Lauwe (Des hommes et des Villes), la vivienda se define como: "Una necesidad de espacio, una necesidad de independencia de los grupos de personas en el interior de la vivienda, una necesidad de reposo y distensión, una necesidad de separación de funciones, una necesidad de bienestar y liberación de las limitaciones materiales, una necesidad de intimidad del grupo familiar, una necesidad de estar bien considerado, una necesidad de relaciones sociales exteriores (…) el estudio de esta multiplicidad de necesidades lleva a definir para cada aspecto de la vivienda tipos de ordenación que permitan satisfacerlas" (Ekambi, 1974, p.100).

Estudiar la necesidad en sí, supone analizar una serie de usos prácticos que son dados y determinados, pero que no son universales, ni se pueden suponer, por ello, es indispensable generar los instrumentos de análisis que integren estructuras teóricas sobre las concepciones del habitar para poder entender, representar y manifestar las numerosas exigencias de la naturaleza humana y para comprender la manera en cómo la casa se convierte en la espacialidad constitutiva del "ser ahí".

Bibliografía

Bachelard, G., "La Poética del espacio", México: Breviarios del Fondo de Cultura Económica, 2000.

Camacho, M., "Hacia una teoría del espacio, reflexión fenomenológica sobre el ambiente", México: UIP-BUAP, 2002.

"Diccionario de uso del español actual", Madrid: Ediciones SM, 1997.

Doberti, R., "Fundamentos de una teoría del habitar. Imagen, texto y ciudad", Buenos Ares: Cuadernos del Posgrado 1, UBA, F/A, Diseño y Urbanismo, 1992.

Ekambi, J., "La percepción del hábitat", Barcelona: G. Gili, 1974.

Giglia A., "El habitar y la cultura", Barcelona: Anthropos, 2012.

Guzmán L., "Sociología", México: Porrúa, 1987.

Heidegger, M., "El ser y el tiempo", México: Fondo de Cultura Económica, 1999.

Iglesia, R., "Pensar el habitar", Buenos Aires: FADU-UBA, 1998.

_____, "Habitar, diseñar", Buenos Aires: Nobuko, 2011.

Norberg Ch., "Existencia, espacio y Arquitectura", Barcelona: Blume, 1975.

Parra F., "Diccionario de ecología, ecologismo y medio ambiente", Madrid: Alianza, 1984.

Romero, G., "El habitar: una orientación para la investigación proyectual", Congreso El Habitar, la arquitectura y la vivienda, México, 1999.

Romero F. G., Salceda S. J, "Octava Ponencia", en Apuntes para el IV Seminario permanente de formación docente, FA UNAM, octubre 2011.

Rúa Penagos J., "Salud Integral", Fundación Universitaria Luis Amigó, Recuperado de http:// www.virtual.funlam.edu.co/repositorio/sites/default/.../Salud_Integral.733.doc.

Saldarriaga R., "La arquitectura como experiencia, espacio, cuerpo y sensibilidad", Colombia: Villegas Editores, 2002.

Van Eyck, "La casa, la vivienda", V Foro internacional, Facultad de Arquitectura, Universidad de los Andes, 1992.

Villoro C., "El habitante", México: Cal y Arena, 1997.

38

Espacio, forma y estructura

JUAN CARLOS CALDERÓN ROMERO

Ser estudiante de Arquitectura en estos primeros días del siglo no debe ser cosa fácil.

Existen tantas filosofías de diseño, tantos Ismos peleándose el centro del escenario, tantas estrellas fugaces que son prontamente reemplazadas por las últimas modas, que un joven ilusionado en convertirse en arquitecto debe sentirse absolutamente desorientado al no poder agarrarse a un ancla sólida. Frank Lloyd Wright decía que "lo que está de moda es lo que se pasa de moda", y tal vez para comprender los sentimientos de la juventud actual, habría que citar una de las estrofas del Rubayat de Omar Kayán el gran poeta árabe de hace siglos:

"Yo mismo cuando joven ansioso frecuentaba
A santos y doctores y escuchaba
De esto y aquello, grandes argumentos
Pero siempre salía
Por el mismo portón por donde entraba"

Vamos a considerar el asunto de la Arquitectura y las Ingenierías, actividades que, con las ciencias básicas, estaban hasta hace poco inseparablemente ligadas y que hoy, por la increíble complejidad y sofisticación de sus sistemas, han sido segmentadas y divididas en diversas especialidades. Ahora se dice que si un arquitecto construye un edificio sin la ayuda de un ingeniero, el edificio se cae y si un ingeniero construye un edificio sin el diseño de un arquitecto, al edificio se lo demuele.

No hay mente en el planeta que pueda abarcar los incontables aspectos del tema que nos ocupa. Según algunos, Goethe fue el último hombre que lo sabía todo, y por supuesto, Leonardo fue la cumbre del individuo múltiple. Hoy en día, en los enormes espacios de cualquier firma de arquitectos comercializados, no sólo las ingenierías están establecidas como actividades independientes, sino que el mismo ejercicio de la arquitectura está dividido en departamentos en los cuales el diseño, los dibujos de construcción, la elaboración de documentos y la supervisión son realizados separadamente, de tal manera que un equipo de diseñadores por ejemplo, pierde contacto con su proyecto una vez que su tarea ha terminado. Se crea así una alienación, una robotización del ser arquitecto que permite que la profesión se convierta en un mero vehículo para ganar dinero.

Personalmente he presenciado la actividad de una enorme firma de arquitectura en los Estados Unidos de Norteamérica donde trabajan cuatrocientos profesionales. Sus tarjetas magnéticas les abren las puertas y registran automáticamente la hora de su llegada y, por supuesto, también de su salida. Sus computadoras les brindan todos los elementos requeridos para un trabajo árido y deshumanizante. En los cinco pisos de la firma no encontré un solo lápiz de dibujo.

Eliel Saarinen, padre de Eero Saarinen, decía que la tragedia del siglo XX fue el divorcio entre el sentir y el pensar. Prueba de ello es que el sentimiento, carente de pensamiento, ha creado todas las cursilerías que han invadido el planeta, y el pensamiento sin sentimiento lo está deshumanizando. Sin embargo, una simbiosis entre el pensar y el sentir ha existido en el pasado y ella ha sido, a través de los tiempos, la fuerza motriz que ha creado las grandes obras arquitectónicas. La arquitectura y la ingeniería se muestran en ellas como la expresión de una actividad monolítica en la cual el pensamiento y sentimiento unidos producen una obra de arte.

¿Dónde termina la Ingeniería y comienza la Arquitectura? Son inseparables en las pirámides mesoamericanas y en las egipcias, en las fortificaciones de Sacsahuamán en América del Sur o en los zigurats babilónicos. Aún las grandes obras de ingeniería del Imperio Romano, el Coliseo, el Panteón, las termas y los acueductos, son obras maestras de lo que puede llamarse la arquingeniería. Esa arquingeniería se muestra en una de sus expresiones más logradas en la catedral gótica. En ella la estética, la función y la estructura constituyen un solo evento. Aún el ornamento es - como decía Wright- «del edificio, no sobre él». En una colosal integración, las tinieblas de las criptas se van disipando en una apoteosis ascendente hacia la luz, hacia la desmaterialización de la piedra, hacia las bóvedas, que por su altura, ya se tornan celestiales. Fulcanelli habló de estos misterios, de esta magia hecha realidad, de esta mole hecha trascendencia. Aquí uno puede comprender por qué la Arquitectura es el arte de organizar el espacio físico, el espacio psicológico y el espacio espiritual. Tres actividades de la arquingeniería que conducen al Hombre a niveles superiores.

Mucho después, Victor Hugo dijo del Renacimiento que fue el crepúsculo que todos confundieron con la aurora, y lo dijo, no porque el Renacimiento haya sido feo, ya que fue muy bello, sino por falso. La cúpula de San Pedro del Vaticano, símbolo de su época, diseñada nada menos que por Miguel Ángel, es sin embargo una estructura que, de no estar atada por una enorme cadena circundante, terminaría desplomada sobre la columnata de Bernini. Franco contraste con el hermoso domo de Brunelleschi en Florencia que auguraba un futuro no realizado más honesto. Todo en el Renacimiento es escenografía, pastel de novia, make believe. Revestimientos que ocultan las estructuras, perspectivas falsas. No es coincidencia que una época tan abocada a la imagen, a la fachada, tenga un eco a fines del siglo XX en las piruetas arquitectónicas de un postmodernismo exclusivamente preocupado por lo que Ada Louise Huxtable llama la obsesión con los parques temáticos, el triunfo de Disney, el espejo de nuestras superficialidades, la ausencia total de la arquingeniería.

Por su parte, el movimiento moderno con su insistencia en la honestidad de materiales y su fe en el valor de las estructuras, tiene mucho en común con el pensamiento gótico. Después de siglos en los que la humanidad se solazó en las apariencias, surgió en el siglo XIX una conciencia de los nuevos materiales de construcción y de las recientes técnicas utilizadas en edificaciones que al principio fueron empleadas para fines industriales y acabaron por fin por constituirse en el lenguaje de la nueva arquitectura.

El uso del hierro fundido, usado ya en 1826 en un puente de ciento sesenta metros de luz y el posterior uso del acero permitieron la tenuidad del edificio y la eliminación de muros masivos como el diseño del Palacio de Cristal erigido en Londres en 1851 en un lapso de treinta y nueve semanas a pesar de sus noventa mil metros cuadrados de extensión. Hay quienes piensan que esta obra es una de las más importantes de todos los tiempos debido a la influencia que ella ejerció sobre las épocas posteriores.

El uso estructural de un esqueleto de acero consistente en columnas y vigas, hizo posible la construcción de edificios de gran altura, los cuales resultaron ser posteriormente el símbolo de la arquitectura urbana de este siglo. James Bogardus, William Le Baron Jenney y Louis Sullivan fueron los autores de las primeras estructuras de este tipo. En ellas ya están presentes características como la eliminación de los muros portantes y una mayor libertad de diseño tanto en los espacios interiores como en el tratamiento de los exteriores. El concepto del muro cortina, tan imprescindible para el llamado Estilo Internacional, encontró su génesis en estas primeras obras.

Cabe mencionar que tales edificios no hubieran sido posibles sin la invención de un ascensor seguro, el cual fue introducido por Elisha Graves precisamente para el Palacio de Cristal. Otros inventos técnicos complementaron en esa época el desarrollo de megaestructuras que se harían comunes en todo el planeta en siglos posteriores. Sistemas de calefacción a vapor, aire acondicionado, diferentes tipos de combustible, tanques de agua y, posteriormente el uso de la electricidad y actualmente el de la energía solar, convierte a estas edificaciones en entes casi autosuficientes.

La Torre Eiffel es, sin lugar a dudas, uno de los logros importantes de la Humanidad. Terminada en 1889, la torre es la expresión de toda la experiencia que su creador Gustavo Eiffel acumuló en una vida dedicada a construir estructuras metálicas. Más allá de su colosal estructura, Eiffel consideró en ella otros aspectos tales como los efectos del viento y el transporte del público por medio de ascensores de cremallera.

El divorcio entre pensar y sentir se hizo patente, sin embargo en una airada protesta lanzada por pintores, escultores, escritores y arquitectos en contra de la construcción de la torre en nombre del buen gusto francés y de la Historia de Francia. Arquitectónicamente, la torre captura el espacio, no de golpe, sino desde varios puntos de vista simultáneos, anticipándose al Cubismo y aún a los conceptos del tiempo espacio de Einstein. La arquingeniería se manifiesta allí en una asombrosa simbiosis.

El uso del hormigón armado se comenzó a plasmar en el siglo XIX. Se dice que fue el jardinero Monnier quien inventó el sistema al fabricar tubos de drenaje vaciando hormigón sobre una malla de alambre. A fines de ese siglo Francois Hennebique, uno de los pioneros de la técnica, construyó su propia casa al estilo de la época, pero con volados que se extendían hasta cuatro metros. A principios del siglo XX el uso del hormigón se hizo general en edificios como el Sanatorio Reina Alejandra construido por Robert Maillard en 1907 como un augurio del Racionalismo. En estos años se suceden una serie de arquitectos ingenieros y de arquitectos constructores, maestros del nuevo proceso constructivo, entre ellos Augusto Perret con su famoso Edificio de Departamentos de la calle Franklin en París y Tony Garnier cuyo diseño de la Cité Industrielle se adelanta años al uso sofisticado del hormigón armado y al lenguaje de la arquitectura contemporánea.

Le Corbusier trabajó en 1909 en el taller de Perret en Paris y posteriormente en el estudio de Peter Behrens en Berlín. Posteriormente se convirtió en uno de los arquitectos más influyentes del siglo y sus residencias continúan hoy en día siendo fuentes de inspiración para muchos arquitectos. Sus conceptos sobre el diseño arquitectónico tienen que ver con cuatro principios básicos: el pilar expresado independientemente del edificio, la separación de la estructura y el muro, las plantas y fachadas libres y espacialmente ambiguas y el techo jardín. La Villa Saboya de 1930 sigue estos principios y en el campo de la vivienda es su obra maestra.

Walter Gropius, otro de los maestros de la arquitectura de este siglo, fue el gestor del grupo que finalmente aglutinó los campos de las artes visuales y la arquitectura en la Escuela de Diseño del Bauhaus. En ella, algunos de los talentos más prominentes de la época organizaron un formidable grupo, el cual, desde la apertura en 1926 de su edificio en Dessau, un hito de la arquitectura moderna, hasta su disolución a la llegada del nazismo en Alemania, formaron a generaciones de jóvenes estudiantes que luego diseminaron sus teorías en todo el mundo. El edificio mismo, con sus pilares expuestos, su estructura de hormigón armado, sus flotantes cortinas de vidrio, constituyen un símbolo de la época. La ambigüedad de sus planos, el juego rectangular de sus diferentes elementos y su transparencia logran un efecto de simultaneidad que también, como en la Torre Eiffel treinta y siete años antes, tienen mucho que ver con las obras cubistas de esos años.

Después de 1938, Le Corbusier amplía la escala de sus diseños por medio de megaestructuras que se extienden sobre el paisaje urbano, en propuestas que de haber sido realizadas, habrían arrasado con los centros de varias ciudades del mundo, incluyendo Paris. Esta etapa es, sin lugar a dudas, su talón de Aquiles.

Mies van der Rohe llevó el ahorro de formas y estructuras hasta sus últimas consecuencias. Su lema "menos es más" apoyaba una arquitectura que desnudaba sus diseños de residencias y edificios en altura hasta sus mismos esqueletos. "El tintineo de huesos" los llamaba Frank Lloyd Wright.

En las siguientes décadas, las torres de oficinas y apartamentos se han convertido en la imagen volumétrica del siglo XX, una imagen que seguramente seguirá prevaleciendo en el siglo XXI. Desgraciadamente, una falta de criterio en los conceptos del diseño urbano han permitido la proliferación indiscriminada de estos volúmenes, los cuales al no ser edificados donde corresponde, destruyen con su gran escala la armonía de zonas ya existentes. Los avances tecnológicos, los métodos de prefabricación, la producción en masa, los acelerados procesos de instalación y la inclinación de promotores, constructores, ingenieros y arquitectos hacia el obsesivo deseo de ganar más y más dinero, han causado que el interés económico haya avasallado a valores más idealistas.

En los últimos años se menciona frecuentemente la idea del edificio inteligente, el cual, por medio de los milagros de la tecnología y la cibernética, se comporta como una especie de ente autónomo que nos libra de toda responsabilidad respecto al control de nuestro medio ambiente. En este edificio no se necesita abrir una puerta ni cerrar una ventana, soltar un grifo de agua ni controlar la intensidad lumínica. No se requiere presionar ningún botón ni descolgar el teléfono, desempolvar un piso ni lavar un baño. Quién sabe cuan más inteligente se volverá este edificio en los años venideros, ya que con los próximos adelantos de la ciencia se logrará tal vez que el ser humano se integre a estos sistemas robóticos los cuales por su inteligencia, posiblemente eliminarán la necesidad de usar la nuestra. Conviene pensar, sin embargo, que en cada época de la Historia cada edificio ha tenido su medida de inteligencia. Qué más inteligente puede ser una estructura que como la Pirámide de Chichen Itzá se convierte en cierto día del año en una serpiente descendiente? Y es que el edifco es siempre tan inteligente como el que lo construye o tan bobo como el que se deja devorar por él.

No todo ha sido un ejercicio tecnológico en la arquitectura de nuestros días. Han existido y siguen existiendo arquitectos que se sirven de los nuevos adelantos para producir obras del hombre para el hombre. Mientras los arquitectos europeos se enamoraban de la estructura y de las salidas y entradas espaciales de una vivienda tratada como una maqueta sobre la mesa de dibujo, mientras el individuo era considerado un intruso en lo que Le Corbusier denominaba "la máquina de vivir", ya había surgido en América un genio que fue a principio de siglo el germen del modernismo. Frank Lloyd Wright dejó sus estudios de ingeniería faltándole meses para obtener su título. Tales conocimientos combinados con su intenso amor por la Naturaleza, hicieron que su arquitectura se centrara en el hombre como parte inseparable del planeta y como protagonista de su entorno orgánico. Su último libro "Un testamento", dedicado a la juventud, debería ser leído por todos los estudiantes de arquitectura ya que él constituye una inagotable fuente de inspiración y de idealismo que, desgraciadamente, se va perdiendo en un mundo en el que el ensordecedor ruido de las monedas no nos permiten oír el sonido de una hoja al caer sobre el agua.

Se dice que no se puede diseñar una sola línea que Wright no la hubiera trazado ya, hacía varias décadas. Su mente inventiva se imaginó la idea básica del modernismo: el espacio como la realidad de un edificio y el mismo como un algo continuo y dinámico. Inventó la calefacción radiante, pensó en un ascensor de cinco pisos para su edificio de mil seiscientos metros de altura, diseñó edificios que -cual árboles- poseían una estructura troncal de la cual los diferentes niveles se extendían como ramas y eran suministrados de los diferentes servicios por medio del núcleo central. En el Edificio Johnson inventó un sistema de columnas que al expandirse en su parte superior se convertían en la cubierta del espacio, integrando así columna y losa en un todo estructural muy diferente a la división de los elementos verticales y horizontales del modernismo europeo. Cada uno de sus edificios es un tributo a la imaginación y un novedoso alarde de creatividad. Si ellos fueran publicados actualmente como obras recién diseñadas, estarían aún a la vanguardia de la Arquitectura Contemporánea. Su famosa Casa de la Cascada, Fallingwater, fue la respuesta a las críticas del funcionalismo que lo acusaba de prenderse demasiado a la tierra y al entorno. Una magistral simbiosis entre Naturaleza y Tecnología ha producido allí lo que para muchos es la casa del siglo. Su gran rampa del Museo Guggenheim de Nueva York asombra y deleita. El concepto del espacio continuo en espiral ha sido repetido en varios de los últimos museos, aunque disfrazado de una variedad de ismos.

El rechazo de todo lo que es anglosajón, bueno o malo, con excepción, claro está, de McDonald's, estridente música rock y espantosas películas de Hollywood, no ha permitido poner a Frank Lloyd Wright en el sitial que se merece en el aprecio de muchos arquitectos latinoamericanos, a pesar de que sus muchos pronunciamientos en contra del capitalismo desbocado le crearon grandes vacíos en su propia patria.

Hay muchos arquitectos que siguieron el sendero del Humanismo y se alejaron de la frialdad del Estilo Internacional, no como lo hiciera la corriente posmoderna mirando hacia atrás y prestándose del pasado para justificar la bancarrota estética, ya que no tecnológica, de su presente, sino echando mano de las técnicas y el lenguaje que mejor expresen nuestra época y con la clara intención de conservar al Hombre alejado de la peligrosa robotización que nos acecha. Saarinen, Aalto, Tange, Safdie, Utzon, Barragán, Ando y Calatrava, están entre estos creadores. Otros visionarios idearon nuevas morfologías y utilizaron materiales y métodos de construcción que recién ahora están comenzando a imponerse y a surgir, gracias a los adelantos de la tecnología.

Desde la increíble cubierta de hormigón armado del Hipódromo de la Zarzuela diseñada por Eduardo Torroja con un volado que se lanza catorce metros y llega a un espesor de cinco centímetros en sus bordes, siguiendo con Pierre Luigi Nervi y Félix Candela, maestros de esta técnica en la ejecución de sus elegantes estructuras, los arquingenieros de este siglo tienen a su disposición todo el caudal imaginativo y técnico de estos pioneros.

Hay quienes han dedicado su vida profesional a explorar las posibilidades de un sistema aún más reciente, el de las membranas en tensión, heredero de un concepto utilizado por siglos en el mundo para guarecerse temporalmente de los elementos.

Sombrillas, paraguas, carpas y aún el globo cautivo de los hermanos Montgolfier son productos de esta idea y constituyen el germen de esta nueva arquingeniería que ya ha demostrado sus posibilidades en grandes estructuras como la del Pabellón Alemán de la Feria Internacional de Montreal de 1967, el Estadio de San Petersburgo en el Estado de Florida con una luz de más de 200 metros, o el recientemente terminado Aeropuerto de Denver en el Estado de Colorado.

Continuos avances tecnológicos y análisis estructurales computarizados, hacen de hoy posible el desarrollo cada vez más acelerado de este tipo de estructura cuyas ventajas lumínicas, acústicas, térmicas y ahora de durabilidad, las adecúan para tal vez tornarse en un elemento importante en el futuro de la Arquitectura.

Buckminster Fuller fue otro de los grandes talentos del siglo XX. Dos veces expulsado de la Universidad de Harvard, hecho que tal vez consuele a algún estudiante conflictivo, Fuller concentró su interés en el diseño mecánico de vivienda, basado en los campos de la náutica y la balística, y su fe en los métodos industriales y la producción en serie, con el fin de lograr una estructura barata, transportable y liviana. "¿Cuánto pesa su casa?" era una de sus preguntas favoritas.

Su primer diseño, un edificio de 10 pisos se asemeja en algo a nuestra idea del edificio inteligente con elementos como aspiradores de polvo integrados, escudos aerodinámicos transparentes para el control del viento y la pérdida de calor, aprovechamiento del viento como generador de energía, estructura hexagonal metálica sujeta por tensores y sostenida por un núcleo central que se semeja a la idea wrightiana del tronco de árbol, la cual es fabricada por partes, ensamblada y transportada al sitio en un dirigible y plantada en una base de hormigón en un proceso que solamente dura un día.

Su vivienda llamada Dymaxion es la versión en una sola planta del mismo edificio.

La creación más conocida de Fuller es, sin embargo, el domo geodésico, una estructura de varillas en la cual las líneas de fuerza constituyen la distancia más corta entre dos puntos pero en una superficie curva o esférica. Estas estructuras, construidas en todo el planeta como cubiertas de gimnasios, teatros, y jardines botánicos, fueron propuestas por Fuller hasta para cubrir ciudades enteras y se originaron como resultado de su investigación de la geometría energética y la sinergéntica, y le permitieron lograr una forma que, a pesar de sus orígenes puramente científicos, comienza a expresar aspectos que solamente se encuentran en los misterios geométricos de la naturaleza. "La Naturaleza de la Naturaleza" a la que se refería Frank Lloyd Wright.

Ya en 1955 Fuller propuso un domo geodésico que, plegado, fuera transportado por aire al sitio y que al soltarse se abriera en impacto al tocar tierra. La idea de estructuras desplegables, nuevamente hijas de simples y conocidos dispositivos como las sombrillas, fue avanzada por Emilio Piñero en la década de los 60, utilizando un sistema de tijeras tipo pantógrafo y posteriormente, Félix Escrig Pallares y Juan Pérez Valcárcel de las escuelas de Arquitectura de Sevilla y La Coruña han continuado explorando hasta ahora las posibilidades de las estructuras desplegables. El pabellón de Venezuela en la Exposición Mundial de Sevilla de 1992, diseñado por Waclaw Zalewsky, fue armado en menos de un día y es considerado uno de los mejores logros de este tipo de estructuras hasta el momento.

El concepto de una estructura desplegable implica la asimilación en su diseño del movimiento, es decir del tiempo como una cuarta dimensión, hecho que acerca más aún al diseño arquitectónico a los procesos naturales. No es pues coincidencia que en nuestros días se esté explorando el tema de la morfología estructural rotando elementos en el espacio para formar poliedros y se estén utilizando formas animadas computarizadas para transformarlas topológicamente. Existe, asimismo, el incipiente campo de la Ingeniería Orgánica que estudia los modelos de las estructuras vivientes.

En 1917 D'Arcy Thompson publicó su obra titulada "On Growth and Form", Sobre el Crecimiento y la Forma, un análisis de los procesos biológicos desde el punto de vista de sus aspectos físicos y matemáticos. Es sorprendente leer en estas páginas acerca de los principios que recién están siendo examinados por las disciplinas de la arquitectura y de la ingeniería y que, sin embargo, han sido la gramática estructural de la naturaleza desde los albores de la vida en el planeta. La serie de Fibonacci descubierta en 1202, el rectángulo áureo de los griegos, la espiral del Nautilus, el módulo y la cuadrícula, son algunos de los aspectos de ese proceso cuatridimensional que constituye el lenguaje biológico: un comienzo, una huella y un final; el devenir en el tiempo lineal.

Ya los futuristas habían tratado de incluir la cuarta dimensión en sus diseños. Santa Elia, el gran talento desperdiciado, ya mostraba en sus dibujos el dinamismo de sus ideas. Frank Lloyd Wright y los organicistas que seguirhos sus principios, tratamos de expresar en nuestras obras el impulso de crecer. Nuestros diseños muestran en sus estructuras, sus plantas, sus volumetrías, el final de un acontecer en el tiempo espacio. En este siglo, tal evento podrá ocurrir, tal vez, no como el resultado final de un tosco método constructivo, sino como el milenario proceso que adopta la naturaleza desde la semilla hasta la flor, desde el óvulo hasta el niño y el adulto, desde el Big Bang hasta quien sabe, qué final en esa su sempiterna ley de expansión desde un punto de origen.

Juan Carlos Calderón Romero

Espacio en el espacio: arquitectura donde se expande el alma

KARINA CONTRERAS CASTELLANOS

> *"Yo, por mi parte, siempre supe que ahí estaba el territorio de la libertad, que me ensanchaba la vida."*
> Graciela Montes, La Frontera Indómita

Como una de las consecuencias de la etapa histórica conocida como *modernidad*, la contemporaneidad de la vida urbana del mundo occidentalizado somete a las personas a transcurrir su cotidiano en medio de una constante estimulación, donde se *percibe* una vorágine de información, sucesos, y ritmos que distraen de asuntos más vitales, como lograr una existencia significativa. Lo cual puede partir del cultivo del autoconocimiento, la conciencia y la reflexión, para ir construyendo la individualidad completa del ser humano, trabajando por un equilibrio en cuerpo, mente y alma en relación con lo que lo rodea. Pero para ello, el individuo debe primero satisfacer sus necesidades básicas, que incluyen encontrar ciertas cualidades en su hábitat, como inicio del proceso de su desarrollo en plenitud. La arquitectura crea espacios para albergar la vida humana, por lo tanto incide en ella, aun cuando desde su génesis creativa no se haya planteado una intencionalidad o compromiso ante la responsabilidad que esto implica.

Dentro de una realidad cada vez más demandante, donde los ideales modernos han entrado en crisis, nuevas corrientes de pensamiento buscan romper con antiguos paradigmas. En la aún, en construcción, llamada posmodernidad [1], todas las ramas del conocimiento humano se han replanteado sus conceptos, se asume al mundo ahora como un sistema complejo donde el todo depende de cada parte que incide en otra, se difuminan los límites, se cuestiona la trascendencia de la vida humana y todos los fundamentos bajo los que se desarrolló la metafísica occidental.

La arquitectura no está exenta de estos cambios y cuestionamientos. Hoy ya no es considerada sólo arte en términos tradicionales, pues requiere la interdisciplina y no sólo de los juicios estéticos. También es tecnológica, cultural, política, está inserta en el mercado, afecta al medio ambiente y debiera cumplir una función social para el habitar. Así se ha complejizado y necesita repensarse desde los otros ámbitos del conocimiento para enriquecerse.

En esta reflexión desde la filosofía y otras artes se aborda el tema del espacio como materia prima para el arquitecto que lo diseña y para el ser humano que lo percibe y habita como parte de la formación de sí mismo y del acontecer de su vida ¿A qué me refiero cuando hablo de: espacio en el espacio, arquitectura donde se expande el alma?

Desde el punto de vista filosófico, el pensador alemán Martin Heidegger [2] nos lega, junto con otros que conformaron la fenomenología [3], el concepto de espacio existencial, el cual nombra *raum*, este va más allá de la delimitación física del lugar que representa. El ser lo abre, por lo tanto el espacio se hace, a esta capacidad del ser, Heidegger la denomina espaciar y la describe de la siguiente manera: "constitutivo del ser en el mundo, es un dar espacio. Este dar espacio, que llamamos también espaciar, es el dar libertad en su espacialidad. Este espaciar es el previo descubrimiento de una posible totalidad de sitios a su ser en el mundo es inherente el espaciar comprendido como existenciario" [4]. En sus nociones, Heidegger nos presenta con esto una especie de doble o incluso múltiple condición del espacio, a partir de lo cual empiezo a construir la idea de espacio en el espacio, que es donde en la espacialidad se puede descubrir el espacio cuando se le da libertad.

Por su parte muchos años después, el filósofo francés Jaques Derrida [5] como otros postestructuralistas, busca con sus ideas superar los límites tradicionalmente conocidos, cree en el acontecer libre de las cosas que no podemos predeterminar, por lo tanto apuesta por crear la libertad en el espacio, o dejar al espacio en libertad.

Lo cual el teórico italiano Roberto Masiero explica así: "En Derrida, lo posible no puede ser sino abandonado a la libertad de su acontecer [de modo análogo a Heidegger], pero en cualquier caso, se le debe hacer un lugar, se le debe dejar libre su espacio deconstruyendo. La arquitectura se convierte entonces en un acontecimiento compuesto por lugares y espacios, donde no hay nada cerrado, que existe sólo en tanto haga posibles los eventos particulares" [6].

Buscar y crear lo que llamó, espacio en el espacio, significa entonces, a partir de estos términos que lo inspiran, capitalizar el potencial del mismo, creando espacio existencial en el espacio arquitectónico, si es que en éste se posibilitan de manera libre, los acontecimientos que significan la vida para el ser humano íntegro. Heidegger nos lleva a reflexionar en otros textos, como el derivado de su conferencia de 1951, "Construir, Habitar y Pensar", en cómo para habitar se requiere que el ser encuentre las condiciones necesarias para cuidar, cultivar, pensar, sentirse en paz, confianza y seguridad. Así, el construir y habitar van más allá del espacio concreto, para resaltar la importancia de que el ser se construya a sí mismo al habitar el mundo.

¿Cómo puede la arquitectura intervenir en esta construcción, ante una realidad que se nos presenta muchas veces inequitativa por no ofrecer las mismas condiciones de habitabilidad a todas las personas; o dentro del ritmo vertiginoso en el que convivimos con su constante sobre estimulación y enajenación materialista que banaliza el desarrollo sensible y espiritual otorgándole muy poco espacio/tiempo?

El arquitecto (que es también habitante) puede adquirir conciencia de la incidencia de los espacios que crea sobre los seres humanos y su mundo, desde la vivienda hasta la urbe, a todas las escalas. Se puede entonces fomentar el diseño de un habitar significativo. Esto es tener presente, desde el inicio del proceso creativo, el ofrecer propuestas que doten de todas las cualidades necesarias, no sólo para que se lleven a cabo las actividades requeridas, si no que esto se haga de manera óptima, trascendiendo la funcionalidad y la forma. Para ello se requiere tomar en cuenta la complejidad existencial humana: lo corpóreo, lo mental y la dimensión espiritual, que a su vez debe encontrar punto de equilibrio y respeto con el contexto circundante. No es pretender predeterminar un modo de vida, ni que con el diseño del espacio se resuelvan los conflictos sociales, económicos y políticos que escapan al quehacer arquitectónico, pero es, como arquitecto comprometerse para aportar lo que corresponde desde la profesión e interactuar con otras disciplinas. Es esforzarse para ofrecer las condiciones que satisfagan las necesidades del habitante y lo influyan en lo posible provechosamente. A partir de esto, se puede contribuir a que el ser humano encuentre mejores oportunidades de vida y formación de sí mismo, como individuo. Pero para llegar al alma y expandir el espíritu, es necesario ir más allá. Aun cuando en la posmodernidad la arquitectura ha trascendido su valor puramente estético (y el mismo arte se ha revolucionado a sí mismo), es desde esta dimensión artística que podemos acercarnos a la profundidad humana.

Estudiando la conmoción del alma, descubrí que: "Lo sublime conmueve, lo bello encanta" [7]. Como decía el filósofo Immanuel Kant [8] en el siglo XVIII. Este sentimiento, hace que lo emotivo domine a la razón, eleva, rapta y transporta más allá del entendimiento. Surge un sentimiento de grandeza inexplicable en dos polos, el placer excelso y el temor ante lo inabarcable para la mente. Se considera que la conmoción es la emoción máxima que se puede experimentar. Se dice que ilumina, por ello alcanza los niveles más sutiles y recónditos del ser humano. Estas indagaciones llegaron hasta la estética de lo sublime contemporáneo, como uno de los paradigmas que marcan el inicio del periodo posmoderno en la teoría arquitectónica según algunos autores [9].

Debo hacer la acotación que esto no tiene que ver con el estilo que conocemos como arquitectura posmoderna, se refiere más bien al momento histórico de crisis de los fundamentos de la modernidad para replantear otros. Arquitectos como Peter Eisenman o Anthony Vidler han abordado el tema de lo sublime desde su extremo más perturbador, donde en la contemporaneidad lo encuentran presente, por ejemplo, en lo que produce el caos urbano sobre la psique humana. De ahí se han derivado otras nociones a investigar, tales como lo indeterminado, lo sagrado y luminoso, el silencio y el vacío. Es aquí donde el vacío sublime, como potencia para contener el origen, y como pausa revitalizadora del espíritu, se conecta con crear espacio en el espacio.

Además está la cualidad poética de la arquitectura, donde me permito mencionar a Heidegger una vez más: "Todo arte es en esencia Poesía" [10]. Esto no implica que las demás artes estén subordinadas a la literatura. Más bien se refiere a la capacidad que tiene lo poético para fundar alcances inéditos en el lenguaje, comunicando nuevos significados, pues su material intangible lo permite, metaforizando nos contacta a mundos mucho más amplios que en el que nos inscribimos en la realidad. La poesía es la cuna de la significación que transforma al espíritu.

Aunque la arquitectura tiene sus limitaciones por su condición utilitaria y concreta, sí contiene cualidades poéticas, donde a partir de lo que se sugiere, evoca lo emotivo y el habitante puede terminar de construirlo desde su experiencia. Estas cualidades sólo es posible desarrollarlas en el proceso de diseño cuando en principio, el proyecto satisface las necesidades primarias de la mejor manera y las trasciende al buscar el habitar significativo.

Podemos detectar en algunos espacios existentes estas cualidades, estos se pueden encontrar en el interior de nuestras habitaciones, edificios y por la ciudad entera, son esos lugares donde la vida acontece libre y que nos inspiran a cambiar el ritmo de la cotidianidad insulsa. Desde el rincón acogedor donde preferimos leer en casa, la calle arbolada que hace nuestro recorrido más agradable, o el patio interior de algún edificio que se nos presenta con el correr del agua de su fuente como un oasis en el trajín urbano. También existe la posibilidad de crear espacios de potencialidad poética, en cada proyecto, de cualquier índole. Con intervenciones que van desde el detalle que hace la diferencia y enmarca en la ventana el árbol del exterior que junto con el rayo de sol nos despiertan como primera visión del día, o el pavimento en cuya textura se proyectan las sombras del jardín donde los niños juegan, hasta la propuesta de una plaza pública donde se da el encuentro social en armonía con su diversidad, simplemente porque esta invita a estar.

Cuando el alma humana descubre como espaciar en el espacio arquitectónico, ésta se expande, la vida le significa. Sucede cuando en este vacío de cualidad poética que detecta, el ser lo siente confortable (cuerpo), percibe paz y seguridad para ser y estar (mente). Halla confianza para desplegar su mundo íntimo y el que comparte con los otros (apropiación). Trasciende la tridimensionalidad del espacio, y se topa con un lugar en el cual se identifica (identidad). Así la arquitectura termina de decantarse al espíritu cuando el habitante la completa con sus experiencias, emociones, sueños, imaginación y memoria, y le comparte su universo sagrado. Aquí, al relacionarse con su entorno, se conoce a sí mismo, hay sitio para socializar y para la introspección, fluye y va tejiendo los eventos de su cotidiano, el tiempo se ensancha por instantes, dándole sentido y repercusión a su efímera existencia.

Esta es una manera en el que el ser descubre espacio en el espacio para habitar en libertad y construirse a sí mismo en su complejidad entera, y los arquitectos entramos a un territorio sensible desde donde nuestra labor creativa puede inspirarse. Al final ambos nos encontramos en un punto donde se puede expandir la vida.

Notas
1. El término se entiende como el conjunto de movimientos artísticos, culturales, filosóficos que se han manifestado desde el siglo XX en oposición a las ideas rectoras del periodo histórico de la modernidad. En arquitectura, el inicio de la posmodernidad se ubica en la década de los sesentas según algunas posturas teóricas.
2. Heidegger, Martin, (1889-1976) Filósofo alemán discípulo de Husserl. Sus trabajos, principalmente inscritos dentro de la fenomenología han influido notablemente el pensamiento filosófico contemporáneo. Replanteó cuestionamientos sobre el ser y analizó diversos temas tales como el construir, habitar y la poesía desde el punto de vista filosófico.
3. Se refiere a la descripción de lo que aparece o la ciencia que tiene como tarea o proyecto esta descripción. Pero la noción actualmente viva es la correlativa al significado de fenómeno, enunciada por Edmund Husserl en las Investigaciones Lógicas de 1900 y más tarde desarrollada por él y sus discípulos.
4. Heidegger, M., "El ser y el tiempo", México: FCE, 1986, p. 127
5. Derrida, Jaques (1930-2004) Filósofo francés que desarrolló el análisis semiótico conocido como deconstrucción, es considerado un post estructuralista representativo de la posmodernidad. El post estructuralismo es una postura que surge en los 60´s derivada de las investigaciones que cuestionaron el predominio del estructuralismo en las ciencias humanas.
6. Masiero, R., "Estética de la arquitectura", España: Machado Libros, 2003, pp. 282,283
7. Kant, I., "Lo bello y lo sublime", México: Espasa Calpe, 1985, p.14.
8. Kant, Immanuel. (1724-1804) Filósofo prusiano (Alemania). Marcan el inicio de la filosofía contemporánea.
9. Nesbitt, K.,"Theorizing a new agenda for architecture", EUA: Princeton Architectural Press. N. Y., 1996, p. 29

Bibliografía
Heidegger, M., "El Ser y el tiempo", México: Fondo de Cultura Económica, 1986.
Kant, I., "Lo bello y lo sublime", México: Espasa Calpe, 1985.
Masiero, R., "Estética de la arquitectura", España: Machado Libros, 2003.
Nesbitt, K., "Theorizing a new agenda for architecture", EUA: Princeton Architectural Press. N. Y., 1996.

Arquitecturas

EFI CUBERO

Algunas veces el pintor Antonio López, ha soñado con encerrar en un trozo de tela el enigma de ser o de existir, de despertarse y atrapar un sueño en el marco real de lo concreto. Y es entonces cuando encamina sus pasos decididos en la mañana que aún se despereza, abre las cerraduras de la ciudad e instala el caballete, sin gente ni sonidos, para apropiarse de ese ritmo interno que el espacio posee como una partitura que sólo se ejecuta mediante la extrañeza del deseo. A veces ha contemplado determinada vía como "una nave única" porque sabe muy bien que a través de las rendijas de esos muros, en la piedra cobriza, puede rugir el mar; un mar de vides y de espigas verdes donde se cristaliza la memoria mientras se plasma el mundo sobre un lienzo con las manos aún húmedas de sentir el rocío. Frente a los arrecifes, los cauces y lecturas de mareas renovadas por este centenario de cambiantes escenas y portátiles sueños existen trazos que enlazan actitudes, tiempos y soledades, campo, asfalto y hastío y sólo queda salvar aquel asombro que deslumbró la infancia atrapando matices y vencer el cansancio de los predecesores que por esos senderos transversales empaparon los pasos, y que esas huellas producen, al perseguir las luces bajo idénticas -aunque distintas- sombras…

Una privada propiedad donde la realidad tan clara y tan tangible, adquiere la certeza, contemporáneamente, de la fuga.

Nadie como este artista sabe interpretar las gradaciones de ese sol de un humilde membrillero, metáfora del tiempo. Algo que nunca cansa aunque la luz flaquee y parezca batirse en retirada mientras él la persiga y la tenacidad se le desplome. Llueve siempre la luz sobre el membrillo y el sol como la vida, saturado y a veces confinado, se nos oculta y vuelve…

Él sabe que la lucha, depurada y constante, continúa. Lo supo desde siempre allá en su Tomelloso cervantino y sereno donde percibió, sobre la yema dúctil de los dedos, o sobre la gramática del espacio en los ojos, el idioma de los vastos silencios entre vides y vida y ese viento abrasivo del espíritu que muy pocos conocen. Supo también, frente a aquel lavabo áspero y cotidiano donde se reflejaban certidumbres e insomnios, que la sabiduría y la humildad elevan lo sencillo hacia la hondura mucho más que a la altura; lo saben bien los que siempre, cuando el café crepita en la hostilidad de las penumbras, descubren en lo más inmediato cartografías ocultas. Mapas sin descifrar bajo el fuego despierto que les prestó la tierra en la memoria gris de los asfaltos. Envuelve el tiempo luces que aún no han sido habitadas.

La mañana resplandece en las manos que se afanan en la ardua tarea de prender los matices escurridizos y secretos, ética de la óptica, que se apagan o cambian en algún parpadeo; captan así las sensaciones y los sueños de fresca intimidad deslumbrados por calles donde se contemplan edificios de irreal apariencia. La Gran Vía es una zona de fractura que asume los contrarios mientras las manos recuperan los fondos de altos cielos manchegos, lejos de las llanuras exentas de la infancia.

Los últimos veinte años de la creación de Antonio López, podemos disfrutar en el Museo Thyssen de Madrid. Unas 140 piezas instaladas bajo el personal criterio del autor seguirán esta interesantísima trayectoria y donde la distribución de las salas es "extraña y no previsible" según el Director Artístico del Museo y comisario de dicha exposición, Guillermo Solana, que ha tardado cinco años en convencer al artista para dicha muestra, con la complicidad de María López, persuasiva mediadora que al final terminó por convencer a un padre, reticente y esquivo como siempre cuando de exponer se trata.

Todo su mundo se halla ahí concentrado: la tierra de su origen, el fértil recorrido de su huerto y su mirada campesina apegada a la esencia de lo eterno y simbólico; la ciudad, presente en sus arterias, en perspectiva de extrañeza cómplice, de realidad y sueño. El hombre y la mujer despojados y ajenos, con esa calidad que atraviesa los tiempos y nos lleva al silencio austero de las esculturas de Tell- el Amarna. La presencia efectiva y vertical de la muerte; Grecia presente en cabezas que ha modelado hace muy poco, gratitudes y deudas del corazón y de las manos que es importante para él resaltar.

Siempre lo verdadero es lo que se siente de forma subjetiva, lo que establece un vínculo desde la identidad, a menudo esa especie de exilio que hasta el propio interior desconoce. Disuelto en argumentos, en materialidades que espejean sobre el limo profundo, en ausencias que inconscientemente se perfilan con sombras angulares; los vestigios de esa pasión que acecha bajo múltiples formas, sobre fondos diversos y a menudo dispersos.

Frente a la desconfianza de las imposturas, algo verosímil y no adormecido conduce, mediante el arte, al desciframiento de determinadas obsesiones. Y aunque el artista sabe que todo es efímero, brillan sobre el olvido ciertos campos magnéticos, abiertos hacia el tiempo y la memoria, que sobrevivirán épocas, vidas, estilos, que dejarán su indeleble marca con la fuerza y belleza de lo que fue creado para permanecer en su doble vertiente de materia y de sueño, bajo la eterna herida de existir, del desafío, de la revelación…

/ 62

Historia de una ciudad suspendida o todo es espacio

JUAN MANUEL DE JESÚS ESCALANTE

I
Casi medianoche.
    Calle solitaria, de rumores lejanos.
    El hombre termina su jornada, su día.
    Primero los bancos exteriores, luego el bote de la basura, hasta terminar con todo.
    El entorno desolado lo rodea de sombra.
    Su espacio/puesto ambulante y el poste de luz vecino, son lo único que parece tener vida.
    Un auto fugaz sobre la avenida, ilumina por instantes la acera la media puerta metálica que utilizaba para entrar a su espacio, para cerrarlo, y la inmensa lona sobre de él, refugio en días de calor o de lluvia.
    Atada al poste vecino y a otros tres más lejanos, la lona juega con el aire fresco de la noche.
    Se mueve al azar, de izquierda a derecha, arriba y abajo, de vez en vez, de momento en momento.
    El hombre entra a su breve espacio metálico.
    Toma un banco, se dispone a salir…
    Un aire estremecedor cruza la calle.
    La luz se desvanece.
    El hombre vacila antes de salir, cuando un flujo de aire, como aquellos que siempre se dan en las periferias, levanta nubes de polvo y precipita de pronto, al hombre y su espacio hacia el aire…

II

El hombre, al despertar, miró la ciudad gris que se extendía a sus pies.

El horizonte, tan claro y la ciudad perdiéndose en él.

Asombrado, notó que seguía suspendido sobre de ella.

Toda aquella visión fue rota por el estruendo de un helicóptero que pasó a su lado, del noticiero matutino.

Doblemente asombrado, reparó que no era el único y que una docena más de 'puestos' se encontraban suspendidos, en la lejanía, al igual que el suyo sobre las periferias.

Todos con hombres y mujeres en su interior, perplejos.

Afortunadamente, su espacio le proveía provisiones que tal vez necesitaría.

Agua, pan…

Numerosos intentos de 'aterrizar' los puestos, fueron llevados a cabo sin éxito.

Al parecer, un extraño flujo de aire, acechaba cuando la ayuda se acercaba, convirtiendo todo en turbulencia, en inestabilidades.

Así transcurrió la jornada, entre miradas incrédulas y gritos de asombro.

Entre confusiones, quince personas en las nubes y un atardecer difuso.

Abajo, en la ciudad, el noticiero comenzaba con las imágenes de un sujeto, que ante la desesperación, dio un salto al vacío.

Desvaneciéndose en patios de polvo, tendederos y muros grises.

Nuestro hombre, escuchaba reflexivo las noticias del radio.

No tenía a quién llamar, a quién esperar.

La vitrina, que algún día sirvió para servir alimentos, contemplaba hoy un paisaje tan distinto.

La mirada a ningún sitio y a lo lejos, los rascacielos.

Esperó una hora, dos, tres, hasta que amaneció.

III

La decena del día anterior se duplicó. El siguiente de igual manera y así transcurriría por un buen tiempo.

Abajo, la ciudad miraba con expectativa aquellos hombres, una vez habitantes, hoy exiliados, incomunicados.

Los noticieros cada día perdían el interés, la audiencia estaba cansada de escuchar día tras día, de nuevos 'espacios' en la periferia que habían emigrado hacia el cielo.

La ciudad suspendida sobre la ciudad, se volvió cotidiana.

El hombre despertó y a su alrededor contemplaba a los nuevos inquilinos bajo las nubes.

Cada vez más cercanos.

Uno en particular se encontraba a pocos metros de él.

El hombre abre su media puerta metálica y dice -Buenos días, lindo día ¿eh?-.

Un joven cercano da un giro y devuelve la mirada.

-¿Qué tiene de lindo? ¿Acaso no se ha dado cuenta de que estamos en el aire?.

Nuestro hombre ya había pasado días enteros suspendido y de algún modo, se había habituado a ello.

Se había acostumbrado a las ayudas que los hombres de la ciudad mandaban, a través de bajos vuelos de aviones. Se había acostumbrado a las provisiones que caían, alimentos, medicinas que después los habitantes recogerían cuidadosamente sobre sus lonas ondulantes.

Por un instante olvidó que para el joven, todo esto era nuevo, todo esto era incierto.

-Si me he dado cuenta -respondió el hombre-. Pero vea el lado bueno, estamos lejos del ruido, la vista es increíble.

-Le veo el lado objetivo, no tengo comida, ni agua, nada.

-¿Pues a qué se dedicaba usted antes de la elevación?-preguntó intrigado el hombre.

-Era cerrajero. Tengo llaves por doquier, ayúdeme por favor.

El hombre, giró, tomó unos paquetes de pan con mantequilla y gritó:

-Esté atento, esto le servirá. Y aventó con toda fuerza un paquete de pan hacia donde el joven se encontraba.

Quién hubiera visto aquella escena.

El paquete volando hacia el joven.

Los ojos atentos de nuestro hombre, siguiendo su trayectoria.

Los ojos atentos del joven, con el corazón en la mano.

El paquete cayendo antes de llegar a su destino, perdido para siempre en el vacío.

El joven cerró su media puerta y no volvió a salir aquel día.

V
-¿Hay alguien ahí?, ¿alguien me escucha? -gritaba desesperado el hombre, temiendo lo inevitable.

-¡Joven! Responda, no se puede dar por vencido…morirá.

-Lleva tres días sin salir, por favor, déjeme ayudarle tengo otra idea.

Una sombra se distinguió en la 'estación' del joven y abrió su media puerta.

El hombre sonrió con alivio, aún vivía.

-¿Qué puede hacer por mí? ¿No se ha dado cuenta de que estamos perdidos? -gritó el joven.

El hombre contestó -Tengo una idea, cada día hay más puestos en el aire, más estaciones. Si usted y yo encontramos la manera de conectarnos, otros lo harán también, debemos encontrar la manera de cruzar el aire.

Silencio.

VI
El noticiero de la mañana lo grabó todo:

Dos hombres comunicándose con sus manos.
Ambos atando cuerdas en su extremo.
Los primeros nudos.
El helicóptero dando vueltas.
La primera tabla que serviría de piso a aquel peculiar puente.
Las llaves que servían de conexión.
La historia.
Los vecinos en las azoteas.
Los otros vecinos mirando a través de sus medias puertas.
El conmovedor momento de la conexión, ambos lados unidos.
El abrazo de un hombre y un joven.
Caminando entre sus espacios, entre el aire.
El júbilo de los espectadores de la vieja ciudad.
El estremecedor aplauso y aclamación de los espectadores de la nueva ciudad.

El hombre y el joven que por un momento dejaron de sonreír y saludar, para darse cuenta de que para ellos, la ciudad no sería nunca la misma.

VIII

Los días siguientes, como los anteriores transitaban del asombro al júbilo.

Cientos de estaciones se unían día con día.

Aquello que un día fueron puestos suspendidos, independientes, hoy eran parte de una compleja red de conexiones, que un hombre y un joven de la antes 'periferia oriente' de la ciudad, inventaron.

Las estaciones aumentaban noche tras noche. Y mañana tras mañana, eran incorporadas a esta nueva ciudad en pocos minutos.

Esto último gracias a una brigada especial designada para ello.

Los habitantes de 'abajo' solo miraron como la 'nueva ciudad' reducía la luz en sus patios, en sus calles.

Decenas de personas, pernoctaban por las noches en alguno de estos puestos, con la esperanza de que al amanecer, se encontraran mirando el horizonte y perspectivas infinitas.

Los estacionamientos de los principales centros comerciales, comenzaron a verse inundados de pequeños puestos de lámina improvisados y una leyenda que indicaba:

"¡Gran oferta! ¡Residenciales GT ofrece espacios exclusivos en el aire! ¡Amplia vista! ¡Precios accesibles!"

Todas las noches…silencio. Todas las mañanas…decepción.

Aquellas estaciones prefabricadas jamás vieron volar la noche.

Era incierto saber cuál se elevaría, pero este fenómeno solo se daba en las periferias.

Solo aquellas que se encontraban en la calle, con lonas atadas sobre de ellas, podían emprender el viaje.

IX

Los habitantes de 'arriba' pronto se dieron cuenta de que su nueva ciudad, al despertar cambiaba.

Al amanecer, las estaciones habían variado su posición.

Esto dependía de la época del año, a veces sucedía de manera sutil, otras cambiaba totalmente.

Y esto agradó a sus habitantes.
Toda una nueva experiencia de lo cotidiano frente a ellos.
Saber que quizá el día de mañana sería demasiado tarde para realizar una visita.
Saber que quizá el 'puesto' de agua no vuelva por tres días.
Saber que las relaciones entre individuos duraban fugazmente.
Saber que todo era hoy.

XII
Cientos de personas recorrían distancias incalculables para ver la ciudad suspendida.
La ciudad sin calles y sin números.
Su extraña forma periférica, rodeando el centro, los rascacielos.
Su utopía.
El murmullo lejano de 'arriba'.
El movimiento constante.
Sus planos infinitos.
La fotografía y 'el arriba' de fondo.
El anochecer incierto.

XVII
Sobre la ciudad suspendida ha de decirse
Que encontró un nuevo rostro.
Que se perfilaba entre nubes, aire, y lluvia; se definía.
Que nunca fue igual.
Que encontró nuevos medios, nuevas configuraciones.
Que después del principio, encontró nuevos lenguajes.
Que aquellos hombres habían entendido finalmente 'su espacio'.
Que con sus recursos, habitaron recuerdos nunca antes vistos.
Que dibujó y desdibujó perfiles.
Que colocaban lienzos blancos invisibles,
donde todos los hombres trazaban su vida cotidiana.
Que vivió el ensueño.
Que vivió su espacio

XXVII
Tiempo ha pasado ya de la ciudad suspendida.
    De los sueños en las nubes, del nuevo color en el aire.
    De su arquitectura de lienzos blancos.
    Tiempo ha pasado ya del primer crimen cometido en sus conexiones.
    De los primeros gritos.
    Del primer puesto que se precipitó al vacío.
    Del impacto que dejó llaves y cerraduras por todo el suelo, por toda la calle.
    De cómo y de manera inexplicable,
    la ciudad entera comenzó a precipitarse.
    A caerse del cielo.
    De cómo comenzaron a llover vidas, recuerdos y sueños.
    De los funerales.
    De la atención internacional.
    Del vértigo.
    Del llanto, el desconsuelo, el desvarío.
    De las pupilas borrosas.
    De siluetas negras.
    De entre sus sobrevivientes se encontraba una niña.
    Con ojos de instantes fugaces y vuelos nocturnos,
    hija de aquel primer hombre que subió.
    En su memoria, el rostro del padre.
    Su inagotable reserva de pan.
    Su sonrisa.
    El día que la llevó por primera vez a los puentes de la ciudad suspendida.
    Que la tomó de la mano, que miró el mar.
    Aquel día que la mañana trajo de pronto un jardín en las nubes.
    Cuando su padre lo habitó a su lado.
    No recordaba caracteres, secuencias, ideas.
    Recordaba el olor del agua condensada.
    El sonido de la ciudad 'perdida', abajo, en el fondo.
    Recordaba la frescura de la noche.
    Los flujos de aire.
    La luna y la lona moviéndose sobre de ellos.
    La canción nocturna, los planos infinitos.

No recordaba palabras, textos ni fotografías.
Sus recuerdos eran espacio, percepción….
Su memoria era espacio…
Todo era espacio, todo es espacio.

Historia de una ciudad suspendida o todo espacio

La plaza de convivencia comunitaria: ya existía, pero no había sido fundada.
Una reflexión sobre el habitar

ERIKA ENCISO SOSA

Hablar del habitar pareciera, en principio, hacer referencia a una abstracción. Ello se debe a que no terminamos de comprender ¿qué es el habitar?, y con éste, ¿qué es la habitabilidad?, ¿cómo se pueden identificar sus manifestaciones concretas? y ¿qué tiene que ver ello con el objeto urbano y/o arquitectónico? Para aproximarnos a su comprensión, en este ensayo se propone algo muy sencillo: re-mirar y reflexionar en un objeto urbano, de mínima escala: Una pequeña plaza de convivencia en una unidad habitacional de interés social, construida por el INFONAVIT.

Bien, acerquémonos a una unidad habitacional diseñada y construida a principios de 1990 por el INFONAVIT, en el Estado de México. Cualquiera diría, tras un breve recorrido, que ésta cumple con todos los requerimientos de vivienda expresados en las metodologías de diseño urbano y arquitectónico editadas por el propio instituto, cuyos principales lineamientos, de corte funcionalista, fueron: la optimización máxima de los espacios, la funcionalidad, el ahorro de energía, la optimización en el uso de los materiales, etc. Miremos ahora por la ventana desde el interior de un departamento en los primeros multifamiliares y situémonos en primera persona:

-Miro a lo lejos las vialidades locales de acceso, después al lote contiguo donde alcanzo a percibir diferentes siluetas humanas que, antes de llegar a su destino, hacen una breve pausa frente a una extraña construcción pequeña, esperan un momento y luego desaparecen entre los multifamiliares. Ha cesado por completo la lluvia. La gente comienza de nuevo a salir. Van unas señoras con su bolsa para comprar el pan y de regreso las sorprendo haciendo la charla frente a otra extraña construcción pequeña que está en una "plaza" (como se acotaría en el plan maestro de diseño urbano del conjunto)… pasan y pasan los vecinos, unos se quedan a platicar, mientras otros se detienen un momento, miran lo que está dentro de la construcción, bajan su cabeza y continúan su camino.

Recreando las primeras impresiones de este asomarnos por la ventana, podemos identificar a personas en movimiento, desplazándose, y casi todas ellas deteniendo su desplazamiento frente a su respectiva extraña construcción pequeña. De aquí surge una primera pregunta: ¿qué les hace detenerse, modificar su prisa, interrumpir su trayecto? Regresemos, con nuestras preguntas, a la ventana:

-Miro ahora que aquella placita se ha vuelto punto de convivencia donde se han reunido varias señoras, un par de señores y algunos niños, todos atentos hacia su pequeña construcción; sin embargo, echando un vistazo general alrededor vislumbro que hay otros lugares "plaza" de mayores dimensiones, mejor iluminados, con una mejor vista, más protegidos del frío, con mejor mobiliario urbano, etc., completamente desiertos… las personas pasan sin reparar en ellos y sólo se detienen, cual acto regular acostumbrado, donde las placitas que tienen: una extraña construcción pequeña. Valga la precisión, ahora, de que son extrañas construcciones pequeñas porque son ajenas al diseño original del conjunto; son auto-construidas por la comunidad.

Así, al cabo de un tiempo, también se puede registrar que cuando algún visitante pregunta por cierta dirección los hitos de referencia son estas autoconstrucciones, que por cierto, están mejor cuidadas que la mayoría de los edificios, asimismo, cuando uno pide un taxi por teléfono no hay mejor señal de ubicación que dichos elementos, de la misma manera en que se acuerdan citas ahí… las juntas de vecinos, y las fiestas de fin de año, aunque todos apretados, son celebradas en esa placita, las asperezas y fricciones entre las vecinas son resueltas en aquel lugar, nadie discute nada si el tema es el mantenimiento de aquel sitio… las madres sólo dan permiso de jugar a los niños en la noche bajo la condición de estar a la vista de aquél lugar, de la misma manera que a los novios adolescentes sólo se les permite salir si se quedan a luz del farol provisional de aquella zona… es más, reflexionando un poco, ahora uno mismo es testigo de que cuando se asoma a la ventana el primer lugar hacia donde se dirige la mirada es hacia aquel recinto, simplemente porque ahí se encuentra parte de la comunidad.

Surgen más preguntas: ¿cómo se explica que sólo en ese lugar los vecinos modificaran su andar normalmente apresurado?, ¿qué había en ese sitio que era capaz de trasformar el diseño urbano general del lote, confiriéndole las propiedades de núcleo a un espacio reducido y un tanto escondido?, ¿por qué se sucedía ahí la vida comunitaria más activa de los vecinos y no en los espacios "diseñados" para ello?, ¿qué hace que toda esta vida comunitaria sea desarrollada en aquella estrecha plaza y no en otra plaza u otro lugar?

Re-mirando el lugar, aparece una primera respuesta (aunque en principio pueda no entenderse como tal): las pequeñas autoconstrucciones contienen imágenes religiosas de la virgen de Guadalupe, de San Judas Tadeo, o de cualquier otro santo ratificado por la Iglesia Católica Mexicana (religión predominante practicada en el país), ante éstas, los hombres se detienen y se persignan, cual acto regular acostumbrado. Ello nos da pie para comenzar a entender. "Lo que un pueblo hace con respecto a sus dioses debe ser siempre la clave, tal vez la más segura, para saber lo que piensa" [1]. Para explicar este "comenzar a entender", tomemos, en primera instancia, la tesis de Cassirer que se refiere al mito como expresión del habitar de un pueblo.

El habitar, cuyo nombre deriva de la palabra hábito, se expresa a través de todo tipo de actos que al ser regularmente practicados forman costumbres, maneras de obrar, es decir hábitos. Dichos hábitos Cassirer los plantea, en su manifestación más profunda, como las expresiones concretas de los mitos de un pueblo, es decir, como las manifestaciones motrices de la vida psíquica del hombre. Surge entonces un elemento importante: el mito.

A la pregunta de qué es el mito, Cassirer expone algunas de las contradicciones significativas producto de un debate moderno con grandes controversias: que el mito es producto de la primitiva estupidez humana, producto de la imaginación, pura fantasmagoría (Tylor); que es grotesco, irracional, incongruente, absurdo, contradictorio, que es ilusión, alucinación y sueños construidos por una mente "prelógica" (Lévy-Bruhl); que es una patología o "peligrosa infección" que se origina en el campo del lenguaje y luego se difunde hacia la civilización humana (Müller); que son principios de asociación esenciales para el funcionamiento de la mente humana ilegítimamente aplicados que conducen a la magia, hermana bastarda de la ciencia (Frazer); que es tomado como realidad y que se piensa y actúa de acuerdo con ellos (Spencer); que son una masa de "ideas", de representaciones, de creencias teóricas y juicios, etc. Parece ser que el hombre se aferra poderosa y obstinadamente al mito en lugar de enfrentarse directamente con la realidad, porque vive una vida de emociones y no de pensamientos racionales.

"Para comprender el mito, se debe empezar por el estudio de los ritos" [2]. Pero, ¿qué tiene que ver todo ello con el campo de lo arquitectónico? Recordemos nuestra re-mirada: -la noche está fresca y con llovizna, me asomo a la ventana y pasa un vecino por el estacionamiento, se detiene, se persigna, espera un momento y continua su camino, pasan otros más y hacen lo mismo.

Sigamos pensando, ¿qué tiene que ver ello con el campo de lo arquitectónico?... Cassirer manifiesta que el mito no puede sustraerse del rito que desprende, así lo que se manifiesta en ellos son tendencias, apetitos, afanes y deseos que se traducen en movimientos. Los ritos pueden ser aquello de lo más profundo emotivamente que pone en movimiento al hombre. Esto es lo que constituye la sustancia de los hábitos (actos rituales), cuya suma integran el habitar. Heidegger dice: "La manera según la cual los mortales son en la Tierra, es el habitar." Ello nos lleva a otra explicación.

Martín Heidegger plantea que: "Al habitar llegamos, así parece, solamente por medio del construir" [3], donde plantea que el construir tiene al habitar como meta (yo diría que el construir tiene su origen en el habitar). Según Heidegger, el habitar y el construir están en una relación de fin a medio, entonces ello sugiere que es el habitar lo que sustenta al construir con la intención de cuidar, de mirar por el crecimiento, y qué son estas autoconstrucciones religiosas de las que hablamos, sino súplicas a los divinos para el cuidar y mirar por el crecimiento, de nosotros y de los nuestros y viceversa. En estos términos, tal vez, cuando decimos que son la manifestación concreta, y además auto-construida, de las expectativas de una comunidad, estamos hablando de la búsqueda y del encuentro con la Cuaternidad de Heidegger: unidad donde convergen la tierra, el cielo, los divinos y los mortales; donde los mortales habitan en la medida en que cuidan de dicha Cuaternidad y la llevan a la esencia de las cosas. Construir es al mismo tiempo el habitar.

Así, los hábitos demandan la conformación del terreno donde se desarrolle la vida cotidiana del hombre, es decir, donde tengan "lugar" las prácticas habituales que integran su expresión social concreta dando origen al entorno habitable construido, a saber: lo urbano y lo arquitectónico, en diferentes escalas.

"En la vida cotidiana práctica y social del hombre, la derrota de lo racional parece ser completa e irrevocable" [4]. Pero como hemos visto, esto no se limita al mero hecho de resguardarse eficientemente de los elementos de la naturaleza, o de producir vivienda masivamente para cubrir ciertos programas gubernamentales, hechos fundamentales en la concepción racional de la unidad habitacional, de ahí que se explique la omisión intencionada del diseño de espacios para la expresión religiosa-mítica de sus habitantes: a saber mexicanos, en su gran mayoría católicos.

Octavio Paz lo dijo [5]: Somos un pueblo ritual, donde las fiestas religiosas"…con sus colores violentos, agrios y puros, sus danzas, sus ceremonias, fuegos de artificio, trajes insólitos… Durante los días que preceden y suceden al 12 de diciembre (día de la virgen de Guadalupe), el tiempo suspende su carrera… nos ofrece un presente redondo y perfecto, de danza y juerga, de comunión y comilona con lo más antiguo y secreto de México… La vida de cada pueblo está regida por un santo, al que se le festeja con devoción y regularidad… En esas ceremonias el mexicano se abre al exterior. Todas ellas le dan ocasión de revelarse y dialogar con la divinidad, la patria los amigos y los parientes."

Pero, ¿qué sucede cuando lo que expone Paz, que al parecer está profundamente arraigado en nuestra cultura y formas de socializar, se recrudece, y obreros, aspirantes a una vivienda digna de un programa instrumentado por un organismo gubernamental llamado INFONAVIT, motivados por la necesidad de vivienda propia que les posibilite mejorar su forma de vida (generalmente hacinada y un tanto insalubre), se enfrentan al hecho de no contar con los espacios en donde puedan realizar sus prácticas religiosas rituales? Lejos de esperar, o cambiar su forma cultural de ser y renunciar a la práctica comunitaria que les identifica, les reúne, les hermana, y les hace apropiarse del lugar en donde residen, es decir, el que habitan, simplemente: modifican y/o auto - construyen para conformar territorios y fundar sus lugares (en este caso para la práctica de un ritual religioso: llevarse y recibir la bendición de los divinos al salir y regresar de sus hogares).

Ese modificar y auto-construir manifiestan la voluntad de expresión de un particular modo de habitar, y tiene una íntima relación con lo que Worringer plantea acerca de la voluntad creativa, donde se habla de buscar en las relaciones históricas más íntimas de la humanidad para comprender las energías morfogenéticas existentes en la arquitectura que impulsan la necesidad de su expresión (la voluntad artística, la voluntad de forma) y con ello, comprender al fenómeno mismo de la arquitectura. La tesis que nos propone es: que si somos capaces de considerar a la historia del arte como una historia de la voluntad artística, entonces ésta adquiere una significación universal, porque los cambios de voluntad, se manifiestan en las variaciones de los estilos social e históricamente cambiantes, reflejados en los mitos, las religiones, las reflexiones filosóficas, y en las intuiciones del universo; así, ello se convierte en la historia del alma humana y de las formas en que se manifiesta.

Ello conlleva a valorar no tanto a los objetos producidos sino a la voluntad y los conocimientos mismos para materializarlos; y expresa: "... La tarea de la investigación de la voluntad artística consiste propiamente en dilucidar las categorías morfogenéticas del alma, es decir sus energías humanas que impulsan a la necesidad de expresarse formalmente en los estilos y su evolución, manifestándose en cambios cuya regularidad se hallan en la relación entre el hombre y el mundo exterior (relación llena de variantes y rica en múltiples peripecias)" [6]. Pero, ¿se puede hablar de voluntad artística en un auto-construcción?

No sé. Lo que sí se puede identificar claramente, es la voluntad de construir para el habitar una plaza, que es parte del territorio que se habita, y tal vez (mucho después) venga la voluntad de forma; es decir, la comunidad necesitó expresar más concreta que formalmente (reflexión en la que tal vez repararía con más detenimiento el diseñador profesional) sus deseos de concretizar un lugar para la práctica religiosa ritual comunitaria.

Así, fue sólo con el elemento autoconstruido como expresión concreta de las prácticas sociales que en términos religiosos lo motivaron, como se fundó el lugar (real) llamado: Plaza de convivencia comunitaria; Es decir, la plaza no era la plaza de convivencia sólo por existir, dicha fundación fue producto de la necesidades de satisfacer las intenciones, expectativas y deseos de quienes habitan la unidad habitacional y sus motivos para convivir, a saber: lo religioso; en respuesta a la omisión intencionada del diseñador que proyectó el conjunto (desde su escritorio), basado en unas normas ultra racionalista. Este hecho "determina el surgimiento de dos unidades conceptuales principales: el territorio y el lugar."

Reconocerse dentro de un territorio, como habitante del mismo, donde a su vez habitamos con los nuestros, es un factor de identificación y de pertenencia, es decir, de identidad. Así, el habitar (expresado a través de actos costumbre) territoriza al espacio, el vivir en lo califica, y ambos lo dotan de significado para que sea algo más que un conjunto coherente de sitios, haciendo que, cuando se constituye una comunidad territorial, sus habitantes integren una sociedad y la sostengan con sus formas de organización y producción de deseos, necesidades y satisfactores. Ello implica que en los modos de vida se encuentren las bases que definen el entorno construido (urbano y arquitectónico), donde el habitante genera soportes que le permiten identificarse en medio de múltiples acontecimientos y símbolos; así, son los lugares, los sitios donde se asocian rasgos con usos y con usuarios, fines y experiencias pasadas que les permiten adquirir identidad y reconocimiento como parte de un territorio.

Ambos, territorio y lugar, más que percibidos son construidos por el individuo y por prácticas y creencias que son de naturaleza social, ello da origen al entorno habitable construido, conformado por lo urbano y lo arquitectónico, que a su vez expresan el habitar. Pero como hemos visto, si este entorno no es construido por planificadores, diseñadores y constructores profesionalizados, ya sea por incompetencia o por omisión intencionada, entonces serán autoconstruidos por la comunidad. Y, así encontrar cierta reconciliación para diseñar lo que la comunidad requiere y que se integre lo diseñado.

Hartamman [7] reconoce que, en principio, la arquitectura es la menos libre de todas las artes, ya que está doblemente atada, primero por la determinación de sus fines prácticos a los que sirve (que le dan origen y que no es elegido libremente sino que deviene de un habitador o un constructor que lo demanda), y segundo, puesto que ha de ser construida, la atan el peso y fragilidad de los materiales con que se materializa; pero la búsqueda debería ser siempre la misma: llegar a construir algo más que cosas útiles. Para ello, Hartmann propone la identificación y hábil manejo de "estratos externos", definidos como: 1) la composición según un propósito, reconociendo con ello que la arquitectura nace de un fin práctico, pero que en su solución debe mostrarse el arte; 2) la composición espacial: que está referida a las posibilidades estéticas de la organización y dimensionamiento de los diferentes espacios y masas; y 3) la composición dinámica: manejo de los materiales y procesos de construcción. Así como "estratos internos", definidos como: 1) el sentido o espíritu de la tarea práctica; 2) la impresión de conjunto, de las partes y del todo, que tienen relación directa con los estratos externos de la composición espacial y la dinámica; y 3) la expresión de la voluntad vital y del modo de vida, casi siempre inconsciente y siempre en una cierta oposición con el propósito práctico.

En función de lo anterior podríamos hacer la siguiente lectura: los estratos externos fueron considerados en este conjunto de interés social, donde el fin práctico de vivienda es satisfecho, la organización de los espacios exteriores e interiores es funcional y los sistemas constructivos y el material empleado son altamente eficientes (tan eficientes que podrían estar en cualquier otra parte de la zona centro del país), también los dos primeros estratos internos se pudieron haber alcanzado; sin embargo, el último estrato (la expresión de la voluntad vital y del modo de vida) olvidado por los diseñadores, fue dotado al conjunto por los propios habitantes, a través de sus autoconstrucciones, que dicen algo de la vida o del ser anímico de los hombres que las construyeron, donde se encuentra lo relevante para descubrir a través de ello, las manifestaciones del habitar que le dan origen, y a partir de los cuales se puede tener una visión mucho más rica y profunda sobre lo construido.

Así, a pesar de que lo peculiar de las formas urbanas y arquitectónicas es que expresan lo humano, y que no surgen como ocurrencias del individuo, sino que se configuran paulatinamente en una larga tradición, con lo que se confirma su carácter social, estas construcciones puede quedar sólo en los estratos externos o alcanzar su máxima expresión en los internos, donde se percibe la forma de ser del hombre en sus construcciones.

Entonces pueden ser: los mitos y sus respectivos ritos (Cassirer), o la expresión y búsqueda de la Cuaternidad (Heidegger), o la necesidad de ser quien se es en compañía de los otros, a través de los cuales nos reconocemos (Paz), o la voluntad de expresarse más concreta que formalmente (Worringer), o bien la consideración de los estratos más profundos de la arquitectura (Hartmann); todo ello, parece dar respuesta a lo que pone en movimiento a la comunidad, bien sea para desplazarse, detenerse, organizarse, convivir, sobrevivir, reconciliarse, recogerse, jugar, descubrirse, etc., y todo ello, a su vez, se desarrolla a su alrededor. Así, aquellos bellos jardines, plazas principales, hitos de concreto, nodos de referencia, áreas de juegos, zonas de convivencia y asuntos comunitarios, oficinas de mantenimiento, etc., que fueron diseñadas desde un restirador en una de las oficinas del departamento de proyectos del INFONAVIT, son completamente ignoradas para el desarrollo de las actividades esenciales de la comunidad.

¿Seguiremos pensando que esto no tiene que ver con el diseño arquitectónico?

Para el hacer proyectual todo lo anterior debería ser un punto de reflexión impostergable, ya que si se entendiera con más claridad e interés lo que todo ello significa, la manera de proceder, particularmente de los arquitectos, para abordar un problema de diseño consideraría de inicio que el individuo no puede desprenderse arbitrariamente de las formas psíquicas y físicas que conoce, ya que es su manera de relacionarse con el mundo, y cuando se enfrenta a formas extrañas que no le son propias, se desorienta, se equivoca y fácilmente cae en una interpretación falsa de la forma extraña y la mezcla de modo contraproducente con la propia. Ello sugiere una amplia discusión respecto a la arquitectura internacional y/o de autor, así como de los aparatos ideológicos que la sustentan (a saber: la publicidad), que generalmente están por encima de los modos de habitar de la comunidad que la demanda, y que suelen confundir el carácter propositivo de la arquitectura, que posibilita la renovación formal del entorno construido, con el rompimiento abrupto de la tradición formal del sitio, en aras del reconocimiento a la creatividad u originalidad, sin sentido.

Otra consideración es que el carácter interno de un obra urbana o arquitectónica no se agota sólo con el propósito de la misma, ni en la forma espacial ni en la construcción dinámica y los recursos, sino que debiera expresar además algo del carácter y del modo de ser colectivo de los hombres que la crearon, pero no sólo desde el punto de vista del productor sino también del posible habitador. Si esto fuera así, muy probablemente la separación que generalmente existe entre los espacios construidos por terceros y los modos de habitar de futuros usuarios no sería tan grande, y las construcciones no sufrirían tantas modificaciones como omisiones del modo de habitar específico del usuario. Esto no quiere decir, que la arquitectura se diseñe reproduciendo fielmente todos los hábitos de su habitador, hecho casi imposible de identificar por el diseñador y/o constructor, y que además le compete al habitador mismo en aras de su apropiación del objeto; de lo que se trataría en todo caso es de partir de la concepción de que el hecho arquitectónico es complejo, que tiene un carácter social, e individual, formal e históricamente contextualizado, mismos que el diseñador, el productor y el constructor debieran atender con la misma avidez que las cuestiones de carácter práctico (económico y técnico), para lograr con ello entorno habitables que sean mucho más que construcciones útiles, porque en ellos se desenvuelve la vida del hombre y éste requiere de lugares con los que pueda relacionarse, pertenecer y finalmente identificarse, para "hacer pie existencialmente".

Así es, entonces, la experiencia habitual, ritualizada, de la vida en la obra construida, en su contemplación y utilización diaria, en la confianza que se les toma y en la creciente necesidad de hacer que lo habitado sea soportable, identificándose y perteneciendo al entorno construido, lo que llega a expresar algo del ser anímico y postura interior de vida. Cuando ello no es proporcionado por los "profesionales" (dados sus intereses esencialmente prácticos), se dará de manera intuitiva y voluntaria por los habitadores, ejemplo de ello es la pequeña plaza con su extraña auto-construcción pequeña (que ha servido de referencia a lo largo de este ensayo), lo que conllevaría a preguntarse ¿cuál es entonces la función sustantiva del diseñador y el constructor (independientemente de los títulos nobiliarios a que responda)?

Notas
1. Cassirer, E., "El mito del Estado", México: Fondo de Cultura Económica, 1985.
2. Cassirer *op. cit.*
3. Heidegger, M., "Construir, habitar y pensar", Barcelona: Conferencias y artículos, 1944.
4. Cassirer, *op. cit.*
5. Paz O., "El laberinto de la soledad – Postdata, Vuelta al laberinto de la soledad", México: FCE, 1998, (351 pp.).
6. Worringer, W., "Naturaleza y abstracción", México: FCE, 1997.
7. Hartmann, N., "Estética", México: UNAM, 1977, pp. 147-155, 249-258.

Bibliografía
Cassirer, E., "El mito del Estado", México: Fondo de Cultura Económica, 1985.
Hartmann, N., "Estética", México: UNAM, 1977.
Heidegger, M., "Construir, habitar y pensar", Barcelona: Conferencias y artículos, 1944.
Paz O., "El laberinto de la soledad – Postdata, Vuelta al laberinto de la soledad", México: FCE, 1998.
Worringer, W., "Naturaleza y abstracción", México: FCE, 1997.

Erika Enciso Sosa

84

El habitar y el diseño arquitectónico

MARÍA ELENA HERNÁNDEZ ÁLVAREZ

Introducción

Es indispensable insertar en su contexto contemporáneo el asunto del habitar y el Diseño arquitectónico. En efecto, tal como señala Mauricio Beuchot en su tratado de Hermenéutica, el texto (en este caso la noción del Habitar y el Diseño Arquitectónico) se debe comprender en el contexto en el que está inserto [1].

Para comprender el diseño del habitar, es aquí necesario un enfoque transdisciplinario [2]. Ahora bien, antes de abordar de lleno al tema del Habitar, es necesario hacer un preámbulo validando aquí una breve pero indispensable definición de lo que significa "teoría". La palabra teoría tiene su origen en el vocablo de origen griego theorein ("observar") [3]. Y decimos entonces que la Teoría de la Arquitectura nos sirve para tener una visión a distancia y en profundidad de la realidad pasada, presente e imaginada futura.

Para nuestro caso más explícitamente decimos que: la Teoría de la Arquitectura es un conjunto de razonamientos de orden cuantitativo y cualitativo que permiten imaginar, prefigurar, observar y criticar a distancia y en profundidad la realidad urbano arquitectónica pasada, presente e imaginada futura.

Hacia una teoría, filosofía y poética del habitar

Yo soy, yo habito, como yo habito, yo soy; nos dicen Heidegger y Bachelard. Pero, ¿cómo habitamos nuestro presente?, ¿cómo y quién diseña nuestro habitar?, ¿cuáles son las pautas del diseño?, ¿cómo podemos acercarnos a una comprensión esencial del oficio del arquitecto como diseñador de lo habitable? Estas y otras preguntas surgen cuando los arquitectos nos sorprendemos "diseñando" espacios para ser "ocupables" o "padecibles", más no habitables. Al parecer, las pautas que nos heredó la Modernidad a nuestro oficio, y que a saber son las siguientes cuatro: funcionalismo, tecnologías, economía y fachadismo esteticista, parecen no satisfacer el verdadero habitar que demanda nuestro presente. Aún la ruptura con la Modernidad, es decir la Posmodernidad, en la que la realidad se interpreta alegóricamente excediendo el protagonismo de autor, tampoco, salvo algunas excepciones, da una verdadera interpretación a las demandas y anhelos de un habitar digno y bello. Entonces, ¿cómo podríamos definir desde nuestra propia disciplina, la arquitectura, qué es el habitar en su relación con el diseño arquitectónico? Es indispensable acudir a otras fuentes de conocimiento, para comenzar, a la filosofía. Así, Karel Kosik, Filósofo contemporáneo de gran importancia para el pensamiento actual nos dice que:

> (…) si aceptamos que la filosofía no duplica las actividades especializadas ¿qué provecho real tendrá la arquitectura (por ejemplo) de que la filosofía descubra y describa las premisas en que se basa? (…) Cuando la filosofía se plantea qué es una ciudad o una casa, qué significa la transformación de la ciudad en urbanizaciones y suburbios, no reitera la labor de otras ramas del conocimiento, sino que va más allá, hasta donde estas especialidades (como la arquitectura) no llegan por sus medios, hasta lo que no quieren o pueden resolver. Cada actividad entiende lo que le es propia (dicho aquí de manera profesionalizante), pero no sabe investigar sus premisas y en este sentido es acrítica. La misión de la Filosofía es la crítica de las premisas. Se ocupa de investigar aquello que se antepone a cualquier especialidad, lo que cada especialidad en su quehacer re-produce inconscientemente. La arquitectura que crea el espacio que habitamos, produce casas, edificios, puentes, autopistas pero también re-produce las premisas de su propia actividad, de cuya existencia habitualmente no tiene ni idea y para las que no tiene comprensión alguna. (Kosik, 2012, págs. 53 y 54)

Por lo tanto, para lograr una comprensión esencial del habitar, para pretender una teoría del habitar y, más aún, una filosofía del habitar, es necesario que la arquitectura coexista con las disciplinas humanas, esto es, la filosofía, la historia, la literatura, la sociología, la antropología, la psicología, entre otras. Aquí presentamos un preámbulo que aspira a promover tan ambicioso objetivo.

Para comenzar, el habitar implica el espacio, por lo que será esencial comprender qué es el espacio. En su libro, El Arte y el espacio, dedicado al escultor Eduardo Chillida [4], Heidegger apertura con un epígrafe de Aristóteles que dice así: "El topos –es decir. El espacio-lugar- parece algo importante y difícil de captar" [5]. En efecto, parece que el espacio en el que habitamos los seres humanos nos es obvio e indiferente, pero es en él y sólo en él en donde somos y acontecemos. Los cuerpos físicos tienen una configuración que acontece en la delimitación la cual entiende Heidegger como una inclusión y una exclusión, "cosa bien sabida y, sin embargo, enigmática" [6]. Pero, se pregunta el filósofo, ¿es el cuerpo el que corporeiza el espacio dándole un carácter de *ser*? Y si es así, entonces, ¿es el espacio en sí mismo el que define el adentro, el afuera y el volumen en él contenido?, ¿qué lo delimita? Al respecto en páginas siguientes a este esencial libro para formarnos una idea de qué esel espacio en donde acontece el habitar, Heidegger nos aclara la razón de ser del espacio, esto es, el espacio tiene como meta el espaciar, palabra que en el lenguaje alemán significa escardar, limpiar o desbrozar una tierra baldía, aportarle "lo libre, lo abierto para un asentamiento y un habitar del hombre" [7].

Y más aún, el espacio cuando es pensado en su propiedad, se comprende como una "libre donación de lugares, donde los destinos del hombre habitante toman forma en la dicha de poseer una tierra natal" [8]. El acontecer del habitar se lleva a cabo únicamente mediante una cotidianeidad libre, misma que valida exclusivamente la historia; es decir, la última palabra la dirá la historia sobre un espacio habitado que realmente fue un acontecer fundacional.

Ahora bien, ¿cómo acontece el espaciar?, acontece exclusivamente mediante el habitar humano cotidiano y mediante el emplazamiento fundacional de un lugar que admite y permite el congregar aquello que Heidegger explica como *un sentido del albergar* que deja libre a las cosas. Es decir, que las cosas y los actos humanos sólo podrían *ser* en tal o cual espacio para así poder preservarse en su copertenencia. El habitar funda lugares, y no a la inversa, es decir, el lugar no estaba ahí previamente sino que es por medio del habitar cotidiano coperteneciente que se produce (establece) un lugar.

Ahora bien, habitar es en sí mismo construir; habitar es un verbo que acontece en lo cotidiano. Es lo habitual, lo que pertenece a esta o a aquella persona individual o colectiva de manera cotidiana. Pasa el tiempo, día con día, y la historia va validando este habitar cotidiano para volverlo, inclusive, patrimonio histórico en donde fue sólo a partir de lo fundacional que se ha explicado más arriba que esto puede suceder. Pero, ¿cómo es que sucede el habitar cotidiano en un espacio fundacional? Es necesario pensarlo, dice Heidegger [9]. Aquí es en donde afirmamos que diseñar, imaginar, prefigurar un habitar cotidiano es sinónimo de pensar.

Diseñar lo habitable implica una actividad del pensamiento de un individuo (arquitecto) que posee las herramientas intelectuales y las habilidades adquiridas para emprender el ejercicio de su quehacer, de su oficio. Este oficio, el diseño arquitectónico, prefigurará mediante la imaginación y la creatividad un futuro "residir" [10] de seres humanos coligando en la tierra, cabe las cosas, bajo el cielo y los divinos lo que Heidegger llama *La Cuaternidad*.

Diseñar un habitar para fundar un lugar: objetivo del oficio del arquitecto en el que sólo si es capaz de habitar podrá construir. Sólo si puede llevar el habitar a la plenitud de su esencia es cuando podrá afirmar que construye desde el habitar y piensa (diseña) para el habitar [11]. Sólo es de esta manera cuando la arquitectura será legado para la posteridad, como lo es la que la historia ha validado como patrimonio histórico.

Algunos teóricos contemporáneos de la arquitectura, como Josep María Montaner, nos mostramos preocupados por este legado histórico futuro. Montaner al respecto considera a la vivienda como la célula del habitar urbano contemporáneo, cada día más tendiente a lo multifamiliar vertical [12]. Siguiendo a Montaner, nos preguntamos con él sobre el si el diseñar el habitar doméstico contemporáneo, y en general todos los espacios habitables del ser humano, ¿serán realmente un legado?, ¿interpretarán analógicamente al contexto actual?, ¿respondiendo a la diversidad social?, ¿contribuyen a mejorar la calidad de la ciudad y del territorio?, ¿hacen un uso razonable y responsable de las tecnologías disponibles?, ¿responde a unos objetivos sostenibilistas?

¿Serán testimonio o aspirarán a ser patrimonio histórico nuestro habitar contemporáneo? ¿Habrá algún poeta que escriba sobre nuestro habitar actual? Para que nuestros descendientes reciban nuestro legado y lo reescriba y atesores como Dulce María Loynaz en su maravilloso libro, Últimos días de una casa, se refiere a aquel patrimonio histórico, que si bien no existe ya físicamente, fundó un lugar físico y existencial en los términos heideggerianos antes mencionados. Y, presento a continuación unos fragmentos de ese maravilloso poema que nos evoca mejor que cualquier imagen visual el habitar que fundó un lugar y otorgó *Cuaternidad* a sus habitantes:
(…)
 Nadie puede decir
que he sido yo una casa silenciosa;
por el contrario, a muchos muchas veces
rasgué la seda pálida del sueño
-el nocturno capullo en que se envuelven-,
con mi piano crecido en la alta noche,
las risas y los cantos de los jóvenes
y aquella efervescencia de la vida
que ha borbotado siempre en mis ventanas
como en los ojos de
las mujeres enamoradas.
No me han faltado, claro está, días en blanco.
Sí; días sin palabras que decir
en que hasta el leve roce de una hoja
pudo sonar mil veces aumentado
con una resonancia de tambores.
Pero el silencio era distinto entonces:
era un silencio con sabor humano.
Quiero decir que provenía de "ellos",
los que dentro de mí partían el pan;
de ellos o de algo suyo, como la propia ausencia,
una ausencia cargada de regresos,
porque pese a sus pies, yendo y viniendo,

yo los sentía siempre
unidos a mí por alguna
cuerda invisible,
íntimamente maternal, nutricia.
Y es que el hombre, aunque no lo sepa,
unido está a su casa poco menos
que el molusco a su concha.
No se quiebra esta unión sin que algo muera
en la casa, en el hombre...O en los dos.
(…)
Me pareció. No estoy segura.
Y pienso ahora, porque es de pensar,
en esa extraña fuga de los muebles:
el sofá de los novios, el piano de la abuela
y el gran espejo con dorado marco
donde los viejos se miraron jóvenes,
guardando todavía sus imágenes
bajo un formol de luces melancólicas.
(…)
Allá lejos
la familiar campana de la iglesia
aún me hace compañía,
y en este mediodía, sin relojes, sin tiempo,
acaban de sonar lentamente las tres...
Las tres era la hora en que la madre
se sentaba a coser con las muchachas
y pasaban refrescos en bandejas; la hora
del rosicler de las sandías,
escarchado de azúcar y de nieve,
y del sueño cosido a los holanes...
(…)
¡Pero vinieron otros niños luego!
Y los niños crecieron y trajeron
más niños...Y la vida era así: un renuevo
de vidas, una noria de ilusiones.
Y yo era el círculo en que se movía,
el cauce de su cálido fluir,
la orilla cierta de sus aguas.
(…)

La Casa, soy la Casa.
Más que piedra y vallado,
más que sombra y que tierra,
más que techo y que muro,
porque soy todo eso, y soy con alma.

Decir tanto no pueden ni los hombres
flojos de cuerpo,
bien que imaginen ellos que el alma es patrimonio
particular de su heredad...
Será como ellos dicen; pero la mía es mía sola.
Y, sin embargo, pienso ahora
que ella tal vez me vino de ellos mismos
por haberme y vivirme tanto tiempo,
o por estar yo siempre tan cerca de sus almas.
Tal vez yo tenga un alma por contagio.
Y entonces, digo yo: ¿Será posible
que no sientan los hombres el alma que me han dado?
¿Que no la reconozcan junto a ella,
que no vuelvan el rostro si los llama,
y siendo cosa suya les sea cosa ajena?
(...)
Los hombres son y sólo ellos,
los de mejor arcilla que la mía,
cuya codicia pudo más
que la necesidad de retenerme.
Y fui vendida al fin,
porque llegué a valer tanto en sus cuentas,
que no valía nada en su ternura...
Y si no valgo en ella, nada valgo...
Y es hora de morir.
***

    Desde la lectura anterior de esos bellos fragmentos del poema, doy de lleno el salto a otro poeta, Holderlin, quien nos dice en cinco poéticas ideas [13] lo siguiente:

    Poetizar: la más inocente de todas las ocupaciones.

    Y se le ha dado al hombre el más peligroso de los bienes, el lenguaje... para que muestre lo que es...

|María Elena Hernández Álvarez

El hombre ha experimentado mucho/ Nombrado muchos celestes/ desde que somos un diálogo/y podemos oír unos de otros.

Pero lo que queda, lo instauran los poetas

Pleno de méritos, pero (sólo) es poéticamente como el hombre habita esta tierra

Necesario es, pues, que el oficio del arquitecto parta de su compromiso social y artístico contemporáneo, que sea capaz de pensar y habitar imaginariamente escala uno a uno el prefigurar un texto habitable poéticamente que funde un lugar y sea un legado. ¿Es posible esto? Leamos a continuación un poema de Pablo Neruda [14] que nos da una lección de diseño de lo poéticamente habitable.

**A la "sebastiana" de plenos poderes (1962)
yo construí la casa**

La hice primero de aire
Luego subí en el aire la bandera
y la dejé colgada del firmamento,
de la estrella, de la claridad y de la oscuridad.
Cemento, hierro, vidrio
eran la fábula,
valían más que el trigo y como el oro,
había que buscar y que vender,
y así llegó un camión:
bajaron sacos
y más sacos
la torre se agarró a la tierra dura
-- pero, no basta, dijo el Constructor,
falta cemento, vidrio, puertas--,
Pero crecía,
crecían las ventanas
y con poco, con pegarle al papel y trabajar
y arremeterle con rodilla y hombro
iba a crecer hasta llegar a ser,
hasta poder mirar por la ventana;
y parecía que con tanto saco

pudiera tener techo y subiría
y se agarrara, al fin, de la bandera
que aún colgaba del cielo sus colores.
Me dediqué a las puertas más baratas,
a las que habían muerto
y habían sido echadas de sus casas,
puertas sin muro, rotas,
amontonadas en demoliciones,
puertas ya sin memoria,
sin recuerdo de llave,
y yo dije: "venid a mí,
puertas perdidas:
os daré casa y muro
y mano que golpea,
oscilaréis de nuevo abriendo el alma,
custodiaréis el sueño de Matilde
con vuestras alas que volaron tanto".
Entonces la pintura llegó también
lamiendo las paredes,
las vistió de celeste y de rosado
para que se pusieran a bailar.
Así la torre baila,
cantan las escaleras y las puertas,
sube la casa hasta tocar el mástil,
pero falta dinero:
faltan clavos,
faltan aldabas, cerraduras de mármol.
Sin embargo, la casa
sigue subiendo
y algo pasa,
un latido circula en sus arterias:
es tal vez un serrucho que navega
como un pez en el agua de los sueños
o un martillo que pica
como alevoso cóndor carpintero
las tablas del pinar que pisaremos.
Algo pasa y la vida continúa
La casa crece y habla
se sostiene en sus pies,

| María Elena Hernández Álvarez

tiene ropa colgada en un andamio,
y como por el mar la Primavera
nadando como náyade marina
besa la arena de Valparaíso,
Ya no pensemos más: ésta es la casa:
ya todo lo que falta será azul,
lo que ya necesita es florecer.
Y eso es trabajo de la primavera.
**

Notas
1. Mauricio Beuchot nos dice que el texto y su contexto son una unidad indivisible.
2. Karel Kosik, Filósofo Contemporáneo de gran importancia para el pensamiento actual nos dice que" (…) si aceptamos que la filosofía no duplica las actividades especializadas ¿qué provecho real tendrá la arquitectura (por ejemplo) de que la filosofía descubra y describa las premisas en que se basa? (…) Cuando la filosofía se plantea qué es una ciudad o una casa, qué significa la transformación de la ciudad en urbanizaciones y suburbios, no reitera la labor de otras ramas del conocimiento, sino que va más allá, hasta donde estas especialidades (como la arquitectura) no llegan por sus medios, hasta lo que no quieren o pueden resolver. Cada actividad entiende lo que le es propia (dicho de manera profesionalizante), pero no sabe investigar sus premisas y en este sentido es acrítica. La misión de la Filosofía es la crítica de las premisas. Se ocupa de investigar aquello que se ante-pone a cualquier especialidad, lo que cada especialidad en su quehacer re-produce inconscientemente. La arquitectura que crea el espacio que habitamos, produce casas, edificios, puentes, autopistas pero también re-produce las premisas de su propia actividad, de cuya existencia habitualmente no tiene ni idea y para las que no tiene comprensión alguna. (págs.. 53 y 54)
3. Por considerarlo necesario, se incluye aquí esta nota con el objeto de acotar el término teoría. La evolución histórica del vocablo teoría ha permitido dotarlo de un sentido intelectual y aplicarse a la capacidad razonable para comprender la realidad, ¿cuál realidad? Toda realidad, incluyendo la que se refiere a la arquitectura pasada, presente e imaginada futura, a las formas de habitar este mundo.
4. En la actualidad, una teoría se entiende como un sistema lógico que se establece a partir de observaciones, axiomas y postulados,

y persigue el propósito de afirmar bajo qué condiciones se llevaron, se llevan o se llevarán a cabo ciertos supuestos. Mediante ciertas reglas y razonamientos de una teoría es posible deducir, predecir o postular hechos. Para el caso de las formas de habitar este mundo, se han establecido a lo largo de la historia muy diversas teorías, desde los clásicos hasta la actualidad. Cabe mencionar que existen dos clases de ideas que pueden desarrollarse hasta lograr establecer una teoría: las conjeturas (suposiciones que no cuentan con el respaldo de las observaciones) y las hipótesis (que sí se apoyan en múltiples observaciones).

5. Una pregunta que suele surgir frente a lo anterior es ¿para qué sirve la teoría? sirve para explicar la realidad (el por qué, el cómo, el cuándo ocurre el fenómeno que se estudia), para ordenarla en una serie de conceptos e ideas. Construir una teoría es el fin definitivo de cualquier investigación científica.

6. Ahora bien, la teoría debe presentarse, luego explicar por qué es necesaria (justificación) y por último explayar sus ideas de forma clara y concisa. Puede analizarse un fenómeno complejo que guarde en su esencia otros fenómenos puntuales. Cabe señalar que es común que, para explicar o predecir cualquier fenómeno de la realidad, sea necesario analizar detenidamente varias teorías que se interceptan para poder con ello encontrar las diferentes características del fenómeno y revisar cada uno de sus aspectos adecuadamente. El término teoría también puede hacer referencia a las ideas que algún teórico tiene acerca de un determinado fenómeno, cosa, o bien al conjunto de conocimientos o razonamientos que se hayan realizado sobre un asunto. Para el caso de la Arquitectura, este tipo de ideas de algún teórico es común a partir del Renacimiento en que la arquitectura al igual que el arte, comenzó a ser de autor.

7. Eduardo Chillida, escultor que entabló una entrañable amistad con Heidegger a quien le hizo comprender desde su arte escultórico la noción del espacio.

8. Heidegger, M., "El Arte y el espacio", España: Herder, 2009, p. 11.

9. Heidegger, *op cit.*, p. 13.

10. Heidegger, *op cit.*, p. 21.

11. Heidegger, M., "Construir, habitar y pensar", Barcelona: Conferencias y artículos, 1944.

12. Ídem.

13. Este párrafo sintetiza el contenido de su indispensable artículo sobre Construir, habitar, pensar que aquí lo reescribimos como la esencia del oficio de ser arquitecto.

14. Montaner, Josep, Muxi, Zaida, "Habitar el Presente", Sociedad, ciudad, tecnología y recursos, España: Ministerio de Vivienda, 2006, p. 69 y siguientes.
15. Heidegger, M. "Arte y Poesía", México: FCA, 1992, p 126.
16. Recuperado de: http://www.architecthum.edu.mx/Architecthumtemp/poemario/neruda/3sebas.htm octubre de 2014

Bibliografía

Arquitectura y Humanidades. Poemario. Recuperado de: http://www.architecthum.edu.mx/Architecthumtemp/poemario/neruda/3sebas.htm octubre de 2014

Bachelard, Gastón, "La poética del espacio", México: FCE, 1973

Beuchot, Mauricio, "Perfiles esenciales de la Hermenéutica", México: FCE, 2013

Buganza, Jacobo, Últimos apuntes de Mauricio Beuchot sobre Hermenéutica. Recuperdado de http://www.razonypalabra.org.mx/anteriores/n51/jbuganza.html#au, octubre de 2014.

Debord, Guy, "La sociedad del espectáculo", España: Pre.Textos, 2000.

Heidegger, M., "El Arte y el espacio", España: Herder, 2009.

_____, "Construir, habitar y pensar", Barcelona: Conferencias y artículos, 1944.

_____, "Arte y Poesía", México: FCA, 1992.

Kosik, Karel, "Reflexiones antediluvianas", México: Itaca, 2012.

Loynaz, Dulce María, "Últimos días de una casa", España: Torremozas, 1993.

Montaner, Josep, Muxi, Zaida, "Habitar el Presente", Sociedad, ciudad, tecnología y recursos, España: Ministerio de Vivienda, 2006.

Vargas Llosa, Mario, "La civilización del espectáculo", México: Alfaguara, 2012.

Comprendiendo al habitante de la obra arquitectónica
Reflexiones desde el pensamiento de Michel Foucault

JORGE ANÍBAL MANRIQUE PRIETO

Introducción
Este ensayo surge como complemento a mi trabajo de tesis, cuyo título es: "El habitante *imaginado-real* como binomio esencial en el proceso creativo de la obra arquitectónica." El objetivo principal de ese trabajo es reflexionar sobre la manera en cómo el arquitecto debería tratar de conocer en detalle la complejidad del ser humano –habitante real- que habitará los espacios arquitectónicos que él –el arquitecto- diseñará para responder a una determinada necesidad espacial de dicho habitante.

Se propone el concepto "Habitante *imaginado-real*" como un recurso que el arquitecto podría tener en cuenta durante el proceso creativo de los espacios arquitectónicos. Herramienta que dependerá del conocimiento que éste adquiera del o de los habitantes reales, de tal manera que cuando en el proceso creativo se imagine los futuros espacios habitables, éstos sean una respuesta clara, que relacione, por un lado, los requerimientos y anhelos del habitante real, y por el otro, las aportaciones que desde el conocimiento de su oficio –experiencia- hace el arquitecto. En otras palabras, el habitante *imaginado-real* es el arquitecto mismo imaginando los espacios habitables que propone, desde una mirada basada en el conocimiento del habitante real de la arquitectura.

Unos de los principales temas a tratar en el trabajo de tesis son entonces: la comunicación –entre el arquitecto y el habitante, entre el habitante y la arquitectura, entre la arquitectura y el contexto, y entre el habitante y el contexto- y la importancia de tratar de comprender más detalladamente la naturaleza del ser humano y su relación con todo lo que lo rodea. Estos temas serán los que se aborden en este ensayo.

Este trabajo ha sido estructurado en base a una serie de reflexiones que surgen de la revisión de la propuesta teórica de Michel Foucault en su libro "las palabras y las cosas". Varias de esas reflexiones se han complementado con algunas aportaciones de lo propuesto por Edgar Morín en su libro "los siete saberes necesarios para la educación del futuro".

Se tomó la decisión de revisar esta obra de Foucault, porque en ella el pensador desarrolla un análisis crítico, entre otros temas, del lenguaje; argumentando que éste ha sido dominado y manipulado como un instrumento de poder –tema en cual se considera que hay similitud con la arquitectura-. Por otra parte, cuestiona el sistema estructuralista y explica como en los siglos XIX y XX muchos de esos instrumentos de dominio –entre ellos el lenguaje- están destinados a ser desestructurados.

Foucault aborda el tema de la comunicación de manera crítica, pero no escatima en destacar varias de sus virtudes, que han sido resultado de poner en tela de juicio los sistemas de poder dominantes en el mundo occidental –apoyados de un discurso de progreso y racionalidad- desde el siglo XVII hasta nuestros días. Esas virtudes o aciertos analizados por este autor son de gran aportación para las intenciones de este trabajo, y será a través de ellas que se tejan algunos de los puentes de relación entre el pensamiento filosófico y el arquitectónico.

En la parte final de su libro, Foucault condensa todas sus reflexiones - de las ciencias humanas, del lenguaje, de las palabras y las cosas- en torno al tema del hombre y su ser. Se considera que en este punto, la aportación de este autor transciende del tema de la comunicación y se enfoca en algunas reflexiones sobre la compresión de lo humano, que servirán de articulación para entrar a la parte final de esta corta reflexión, con las aportaciones de Edgar Morín.

Con respecto a Morín, aparte de lo que ya se ha mencionado, se ha creído pertinente acudir a sus aportaciones sobre el pensamiento complejo, porque según lo han constatado otros autores, los seres y las cosas no pueden ser vistos, analizados o pensados solamente desde la individualidad y la clasificación racionales; sino que todos ellos, empezando por el ser humano, deben ser comprendidos desde su compleja relación con el todo y las partes que lo constituyen, y de las que hace parte a su vez.

Morín abre las puertas a un pensamiento integral que busca generar conciencia y entender las relaciones de comunidad, de orfandad, de trabajo en equipo, que deberían existir entre los seres humanos -el arquitecto y el habitante-; entre ellos y la naturaleza; e inclusive entre los individuos consigo mismos.

Volviendo a la estructura de este documento, es importante explicar que está constituido por dos partes: la primera, un poco más larga en extensión y densa en contenido, abarcará la reflexión de las propuestas teóricas de los pensadores mencionados, y lo que se considera pueden ser sus resonancias en el discurso teórico o práctico de la arquitectura -diseño y materialización de la obra-. Cabe recordar que las reflexiones de esta primera parte del trabajo han sido estructuradas específicamente en base a la propuesta de Foucault; las aportaciones de Morín son de carácter complementario. Se ha buscado que cada idea u aportación que se revise de estos autores sea relacionada de manera inmediata con el fenómeno arquitectónico, con el objetivo de que dicho entrelazamiento sea más claro.

Finalmente, en base a las reflexiones de la primera parte, se realizará el análisis de una obra arquitectónica del arquitecto colombiano Rogelio Salmona; esta obra es el Centro Cultural Gabriel García Márquez, del Fondo de Cultura Económica de México, en la ciudad de Bogotá, Colombia. Obra que ha sido escogida con el objetivo de demostrar a base de interpretaciones personales, la importancia que para este arquitecto tuvieron la comunicación y la comprensión del habitante o grupo de habitantes, como estrategias para el diseño arquitectónico.

Parte 1
a) Reflexión teórica: el lenguaje, la comunicación y la comprensión

Aunque el fenómeno arquitectónico es complejo, no podría llegar a afirmarse que lo sea tanto o más que el lenguaje. Sin embargo, en el desarrollo de este ensayo me permitiré establecer esa similitud entre el lenguaje -escrito y hablado- y la arquitectura, en pos de constituir un puente entre las reflexiones filosóficas de Foucault y su posible resonancia en el fenómeno arquitectónico. Basados en esta aclaración y de manera muy general, se puede decir a groso modo que la obra arquitectónica es un lenguaje por medio del cual el arquitecto le transmite una serie de mensajes al habitante. ¿Pero qué clase de mensajes quiere darle el arquitecto al habitante?

Por mucho tiempo se ha considerado que los arquitectos a través de sus obras han brindado las condiciones para enseñarle a los seres humanos a habitar en el mundo. Eso podría ser afirmativo hasta cierto punto; sin embargo, a continuación se verá cómo desde los cuestionamientos de Foucault, muchas de las verdades aparentes que vienen incluso desde la época clásica, deberían ser revisadas, incluyendo el discurso de bienestar que la misma arquitectura ofrece hoy en día.

A través de un reposado análisis, Foucault explica cómo el lenguaje es un instrumento de poder. El lenguaje, especialmente desde el siglo XVII, se ha convertido no solamente en una herramienta para documentar los descubrimientos de la ciencia que resultan ser verídicos, sino que en sí mismo se ha afirmado como un discurso de verdad; es decir, se ha hecho creer a los seres humanos que las palabras son la representación de las cosas que nombran. Así, si se nombra un árbol, se cree que la palabra árbol representa claramente ese objeto en la realidad. De esa manera, se entretejen semejanzas entre las palabras y las cosas que llevan a pensar que el lenguaje posee en sí mismo la verdad de la realidad. Dice el filósofo a manera de crítica "(…) la escritura, en cambio, es el intelecto activo, «el principio masculino» del lenguaje. Sólo ella detenta la verdad" [1].

De la misma manera, como se comentó unas líneas atrás, la arquitectura diseñada por arquitectos suele considerarse como la respuesta más apropiada a la manera en como los seres humanos deben habitar en la tierra. Sin embargo, la realidad es otra, muchas de las obras arquitectónicas son pensadas con fines que van más allá del buen vivir de sus habitantes; es decir, son palabras que nada tienen que ver con las cosas -personas- que representan.

Y es que las palabras a conveniencia de unos pocos no sólo afirman verdades que no son ciertas, sino que como lo explica Foucault, el lenguaje además de nombrar atribuye, ordena y mecaniza; cualidades que se le instauraron especialmente en la modernidad y que hoy en día continúan siendo vigentes.

Así, la arquitectura en vez de ser una respuesta cercana a la realidad de sus habitantes, se ha convertido en un instrumento de dominio que en muchas ocasiones les impone una mecanizada manera de vivir. Qué ejemplo podría ser más claro que el de los reducidos espacios arquitectónicos de las viviendas de interés social; por los cuales las personas pagan ciertas cantidades de dinero, que no son pocas, con la ilusión de que en esos espacios probablemente van a poder vivir mejor.

Por otra parte, Foucault hace evidente como el lenguaje se ha convertido a la vez en un sistema de unificación, no como la integración de las cosas, sino dirigido a la simplificación; afirma el filósofo:

"El análisis progresivo y la articulación más adelantada del lenguaje que permiten dar un solo nombre a muchas cosas (…) en efecto no son el resultado de un refinamiento del estilo; por el contrario, traicionan la movilidad propia de todo lenguaje (…)" [2].

A lo que se refiere el autor con ello es a que la modernidad ha llegado tal punto de simplificación, que el mismo lenguaje se ha empobrecido. La arquitectura misma padece también de ese mal. Como respuesta al gran desarrollo de las industrias, la estandarización –mal aplicada claro está– ha limitado la versatilidad de las obras arquitectónicas; y no sólo eso, sino que en sí mismas las obras limitan las posibilidades para el habitante. La flexibilidad es entonces un requerimiento necesario que no puede estar limitado por el simplismo, que se ha vuelto tan característico en las edificaciones de este tiempo.

Como se ha hecho evidente hasta este punto, las reflexiones de Foucault van direccionadas a aclarar que el lenguaje no puede ser considerado como una verdad absoluta; y que realmente este es una representación de la realidad, es decir, no es la realidad misma. La arquitectura es también una representación, pero ni siquiera lo es del habitante –quien fundamenta su razón de ser– sino de los conceptos que se usan para promover el bienestar, que se cree puede brindar a los seres humanos; en otras palabras, la arquitectura es una representación de otra representación.

La propuesta es, según el filósofo, entender que existe una notoria diferencia entre las palabras y las cosas. En términos de la arquitectura esto puede resumirse en, que es importante que los seres humanos se cuestionen acerca de los espacios en los que moran, y evalúen si realmente la arquitectura –el lenguaje–

responde o no a sus requerimientos físicos y emocionales de habitabilidad; o si tal vez los espacios "habitables" se han quedado sumergidos en las respuestas a la finitud de lo inmediato; como aconteció con el estudio del lenguaje que llegó a limitarse a una analítica de la finitud, cuando la esencia de éste realmente radica en sus posibilidades infinitas.

Puede que las palabras y las cosas no sean lo mismo, pero lo más importante es que se entienda la relación que hay entre ellas. De igual manera, el arquitecto debe velar por entender las relaciones que se pueden establecer entre el espacio habitable y los seres humanos. La reflexiones de Foucault que nos han llevado a cuestionar la -en apariencia- estrecha relación entre la obra arquitectónica y el habitante, también son una invitación a superar los dogmas impuestos por los sistemas de poder, que muchas veces permanecen ocultos detrás de eventos tan cotidianos, pero a la vez tan complejos, como el mismo lenguaje.

En otra parte de su análisis, Foucault revisa la manera en cómo el conocimiento de las cosas durante mucho tiempo se basó en el entendimiento de las relaciones entre ellas; a esas relaciones las denomina semejanzas. Para él con el paso del tiempo, y gracias a los métodos científicos modernos, el análisis de los seres, los objetos, y los fenómenos, se ha especializado tanto que se ha reducido la posibilidad de seguir entendiendo las cosas desde su relación con las demás.

Dice el filósofo: "Conocer las cosas es revelar el sistema de semejanzas que las hace próximas y solidarias unas con otras" [3]. Traduciendo estas palabras al tema de este ensayo, puede decirse entonces que la verdadera estrategia para que el arquitecto conozca al habitante real de la arquitectura, podría radicar en entender la manera en cómo éste se relaciona con las demás cosas que lo rodean.

Así como las palabras son una representación de las cosas, la arquitectura puede llegar a ser una representación cercana del habitante, en la medida en que sea diseñada desde el entendimiento de las relaciones que éste establece, o debería establecer, con los otros seres humanos, con la naturaleza, con la historia, con la cultura o como lo sintetizaría Louis Kahn, con el cosmos [4]. El arquitecto debería, en la medida se sus posibilidades, entender las relaciones del ser humano con todo lo que lo rodea; relaciones que muchas veces son evidentes a simple vista, pero que también son construcciones mentales que pueden tener un origen cultural o histórico. Foucault comenta que las semejanzas suelen hacerse notorias a través de signos que revelan su existencia; es entonces labor del diseñador reconocerlas y tratar de transmitirlas a lenguaje de la arquitectura, para que el habitante pueda releerlas; ya sea de una manera consciente o inconsciente.

Durante todo ese proceso de entender las relaciones del ser humano con el cosmos, y de tratar de reinterpretarlas llevándolas a la arquitectura, el diseñador de espacios habitables se ve en la necesidad de recrearse en su imaginación. Es sólo en su pensamiento donde se pueden organizar todas las ideas, que luego se materializarán en una obra de arquitectura. Al respecto Foucault, hablando de la estrecha relación entre las semejanzas y la imaginación, comenta:

"La semejanza se sitúa del lado de la imaginación o, más exactamente, no aparece sino por virtud de la imaginación, y ésta, a su vez, sólo se ejerce apoyándose en ella. (…) Sin imaginación no habría *semejanza entre las cosas*" [5].

Es entonces la imaginación la facultad mental que ayuda a ordenar y sintetizar el conocimiento, que previamente el diseñador de espacios habitables ha recaudado en relación al habitante y su contexto, para luego traducirlos en ideas espaciales, que se van a convertir en la génesis de la obra arquitectónica.

Luego, esas ideas deben ser materializadas, es decir, las relaciones entre los seres humanos y su entorno, que el arquitecto desea poner en evidencia, deben ser escritas a través de la arquitectura, del lenguaje. Así como el lenguaje –escrito o hablado- es la única herramienta para transmitir un conocimiento; los materiales, las formas, las texturas, las relaciones espaciales, etcétera; son la única manera de poder establecer y expresar las relaciones de identidad y diferencia entre el ser humano y el universo. Por otra parte, al respecto del uso del lenguaje, Foucault comenta:

"Si el lenguaje existe es porque, debajo de las identidades y las diferencias, está el fondo de las continuidades, de las semejanzas, de las repeticiones, de los entrecruzamientos naturales" [6].

Lo anterior confirma que una de las funciones del lenguaje, o de las palabras, es evidenciar las relaciones, la continuidad entre las cosas. Así la arquitectura misma está llamada a convertirse en una articulación, en una frontera que permita la identificación de esas continuidades; Foucault retomando lo dicho por Kant, denomina a ese fenómeno, la síntesis de lo diverso [7].

La síntesis de lo diverso pone en evidencia que entre todas las cosas –seres y objetos- y los fenómenos del universo, hay puentes que los unen y a la vez los diferencian; es decir, que todas las cosas se relacionan, pero a la vez todas ellas poseen una esencia propia [8]. Las palabras mismas para transmitir lo que quieren decir, necesitan estar contextualizadas. Así, la arquitectura que pretenda ser una representación cercana de su habitante, debería surgir como producto del contexto en donde éste está inmerso; que entre otros, permite incorporar dentro de la obra factores históricos y culturales.

Todo lo que se ha comentado hasta hora, es una muestra de la resistencia -que promueve el pensador francés Michel Foucault- a la reducción metodológica implementada incisivamente desde el inicio de la modernidad, en todos los campos del conocimiento humano, y que como se ha mencionado, es una realidad evidente en el fenómeno arquitectónico de nuestros tiempos.

La invitación es, pues, a apartarse de los mecanicismos y los órdenes impuestos a conveniencia de unos pocos, y retomar de forma consiente la libertad de conocer y de proponer abiertamente soluciones más adecuadas para las necesidades habitables de los seres humanos [9].

Los arquitectos no deberían seguir afirmándose en la idea de diseñar, por una parte, obras excesivamente sistemáticas o funcionales, y por otra, obras que sólo responden a caprichos estéticos. La arquitectura debe trascender en la vida de sus habitantes y no dejarse limitar por otro tipo de asuntos que la apartan de su verdadera esencia: ser el espacio para el desarrollo de la vida humana. Tampoco se pretende afirmar que la arquitectura debe ser un hecho poético, ilusorio o fantasiosos, sino que debe buscar el equilibrio entre lo empírico y lo trascendental, rasgos característicos de la naturaleza humana.

Y es que la esencia del lenguaje es, en sí misma, un ejemplo de la convivencia entre lo empírico y lo trascendental; convivencia que la misma arquitectura puede promover para estar mucho más cercana al habitante. Explica Foucault que la esencia del lenguaje radica en la posibilidad que este tiene, no de afirmar verdades, sino de dejar las puertas abiertas; de decir y a la vez no decir nada. El lenguaje se caracteriza porque es fragmentario, y por la diversidad de sus intenciones [10].

En contra corriente a lo que se le ha hecho creer a los seres humanos, el lenguaje es libertad; y no verdad absoluta, clasificatoria o discursiva. Por ejemplo, las palabras son ellas mismas en el poema o en la literatura, porque dejan abiertos los horizontes de la imaginación. La arquitectura debería retomar esa cualidad del lenguaje, ser propositiva y no dominante, ser poética y no sólo funcional, ser en parte incertidumbre y no sólo certeza, ser más humana y no sólo objetual. Dice Foucault: "(…) las palabras se convierten en un texto que hay que cortar para poder ver aparecer a plena luz ese otro sentido que ocultan" [11].

Las obras de arquitectura requieren de la flexibilidad esencial del lenguaje. Los espacios habitables deberían brindarle la posibilidad a los seres humanos de relacionarse de distintas maneras con ellos; de ofrecerles un sinnúmero de oportunidades de interacción con su contexto –natural, social, histórico, económico y político- ; y también, de evocar, a la mejor manera de un poema, memorias del pasado que se conviertan en empujes para el futuro [12]. Cada hecho físico de las obras de arquitectura debería tener un potencial de trascendencia para los seres humanos.

Pero aún cabe hacer una reflexión adicional que tiene que ver con lo humano; Foucault plantea que aún no nos hemos preguntado lo suficiente sobre ello -tal cual lo hizo Nietzsche cuando se preguntó por el *ser*-. Y es que el filósofo francés es enfático en cuestionar la manera en que se ha dado por hecho la existencia del hombre, ya que la realidad demuestra otra cosa: la falta de comprensión que tenemos de lo humano.

Para él, el ser humano no puede definirse completamente, porque su existencia es sinónimo de complejidad e indeterminación; y critica que tanto pensar en el hombre –premisa de la modernidad- ha hecho que nos olvidemos de lo que es ser seres humanos y del mundo en el que vivimos; comenta Foucault:

"(…) es porque estamos tan cegados por la creciente evidencia del hombre que ya ni siquiera guardamos el recuerdo del tiempo, poco lejano, sin embargo, en que existían el mundo, su orden y los seres humanos, pero no el hombre" [13].

Con esa reflexión el pensador francés hace evidente lo que muchos de los seres humanos no hemos querido reconocer: la deshumanización de la humanidad. Todos los discursos que tienen implícito en su interior la dominación y el poder, se han maquillado con una imagen de progreso [14] usando el concepto del "hombre" y su bienestar, para controlar y someter a sus antojos a las grandes masas de seres humanos; y la arquitectura no ha sido la acepción.

Pero el mismo Foucault, retomando la propuesta del superhombre de Nietzsche, esboza lo que quedaría por hacer ante un panorama con tan aparente dificultad. Para él, el superhombre es una filosofía del retorno; un mensaje de renovación de la vuelta a las raíces que Nietzsche dejó a la humanidad. Ese hombre especial, para Foucault, es aquel que vuelve a tener conciencia de su humanidad, de la naturaleza, de la cultura, de la historia; es decir, de su ser y estar en el mundo. Es un despertar del humanismo que ha dormido serenamente durante tanto tiempo [15].

Humberto Eco dice que el arquitecto está llamado a ser la última figura del humanismo en la tierra; y tal vez tenga razón, si lo argumentamos con la reflexiones que hasta este momento se han podio retomar de Foucault. Un arquitecto humanista debería proponer entonces una desalienación de los seres humanos a través de la arquitectura; desalienación que le permita al hombre reconciliarse con su propia esencia, en el presente; y a la vez le permita remontarse a su origen, a su verdad [16].

Pero ¿de qué origen se está hablando? no precisamente de aquel adonde se remontan todas las cosas –Foucault lo llama el vértice virtual o punto de identidad- ; ya que se estaría hablando de un origen compartido donde se perderían las identidades de los objetos y los seres. El origen al que refiere el pensador, es aquel que define el comienzo de cada ser humano; al respecto dice: "el hombre siempre puede pensar lo que para él es válido como origen sólo sobre un fondo de algo ya iniciado" [17]

El filósofo explica que el origen de cada hombre, es la manera en que éste se articula, una vez ha nacido, con lo ya iniciado del trabajo y de la vida; es decir, con el tiempo, el universo o el lenguaje, entre muchas otras cosas que han existido antes que él. Pero también ese origen se define con relación a las cosas, seres y fenómenos que están más cercanos a cada ser humano: las personas que lo rodean, el entorno natural, las costumbres, etcétera.

Esa correspondencia con lo inmediato o lo cercano, hace que el ser humano entable a su vez una relación con las múltiples cronologías que han anticipado su llegada al mundo y que han definido en gran manera su existencia. Es así como se aclara también el principio originario que debería regir a las obras de arquitectura: el de permitir que el ser humano entable una relación armoniosa con todo aquello que define su existencia. Heidegger también se había percatado de ello; al proponer que la arquitectura, como *Lugar*, debería ser una frontera entre el ser humano y la cuaternidad –el cielo, la tierra, los mortales y los divinos [18].

La reflexión hasta este momento es contundente: los arquitectos más que creerse portadores de la verdad –es decir, creer que le van a enseñar cómo vivir a los individuos- deberían ser seres humanos interesados en comprender a los otros seres humanos, para ayudarles de cierta manera a moldear los espacios arquitectónicos que les brinden la posibilidad de habitar plenamente en el mundo. A propósito de la comprensión, Edgar Morín explica:

"Comprender significa intelectualmente aprender en conjunto, Com-prehender, asir en conjunto (el texto y su contexto, las partes y el todo, lo múltiple y lo individual). (…) Comprender incluye necesariamente un proceso de empatía, de identificación, y de proyección. Siempre intersubjetiva, la comprensión necesita apertura, simpatía y generosidad" [19].

La comprensión tal cual la define Morín, es entonces medio y fin de la comunicación humana. En apariencia este concepto es muy sencillo, pero cuánto nos cuesta a veces a los arquitectos poderlo poner en práctica. La comunicación del diseñador de espacios habitables y el habitante, no se entabla entonces a través de la obra arquitectónica, sino que debe iniciarse mucho antes de que ella siquiera sea imaginada en la mente del arquitecto.

La comunicación habla de comunidad, de trabajo en equipo y no de individualidades o imposiciones como muchas veces ocurre. No podría asegurarse, pero parece ser que la base de una buena arquitectura, depende de la comunicación: entre el arquitecto y el habitante, entre el habitante y la arquitectura, entre la arquitectura y el contexto, y entre el habitante y el contexto; y toda esa complejidad debería pasar por la mente del diseñador durante el proceso creativo de la arquitectura. A modo de conclusión, Morín comenta:

"Este es el modo de pensar [el de la comprensión] que permite aprender en conjunto el texto y el contexto, el ser y su entorno, lo local y lo global, lo multidimensional, en resumen, lo complejo, es decir, las condiciones del comportamiento humano. (…) La comprensión hacia los demás necesita la conciencia de la complejidad humana" [20].

Parte 2
Centro Cultural Gabriel García Márquez: Una obra de arquitectura basada en la comprensión del ser humano y su contexto

El edificio del Centro Cultural Gabriel García Marquéz, última obra que el arquitecto colombiano Rogelio Salmona pudo ver materializándose en vida, está ubicado en pleno centro histórico de la ciudad de Bogotá, Colombia; en el sector de la Candelaria. A una cuadra de la plaza de Bolívar -zócalo capitalino-, de la catedral primada de Colombia y otros edificios de carácter histórico y patrimonial de la ciudad. Su ubicación precisa está en la esquina de cruce entre las calles: carrera sexta y calle once.

Este centro cultural es una obra arquitectónica que posee cuatro plantas, de las cuales dos están enterradas. En él funcionan: un auditorio, una sala de exposiciones temporales, un par de restaurantes, las oficinas centrales del Fondo de Cultura Económica de México en Colombia, la librería con su respectivo deposito, una ludoteca, una biblioteca y las áreas de servicios. Lo sorprendente de todo ello es que cerca la mitad del área total del edificio está constituida por áreas exteriores, entre patios, terrazas y corredores cubiertos o al aire libre.

Pero ¿por qué Rogelio Salmona decidió realizar una intervención de este tipo, en un contexto tan caracterizado por una ocupación casi total de los predios? ¿Qué motivos llevaron al arquitecto a proponer una obra con predominancia del vacío y las transparencias? ¿Acaso quiso romper con el contexto o con las tradiciones constructivas de este sector tan importante de la ciudad? La solución a estas preguntas y muchas más podría radicar en una respuesta contundente: Salmona diseñó el edificio del Centro Cultural Gabriel García Márquez con esas características, porque se dio a la tarea de tratar de comprender en detalle al ser humano –habitante–, y sus múltiples relaciones con el contexto donde este está inmerso.

Salmona no cayó en los simplismos al diseñar este edificio, al contrario, buscó la manera de responder a la mayor cantidad de complejidades que el ser humano y su contexto le plantearon como determinantes para este proyecto. Lo primero que propone el arquitecto, es una obra arquitectónica incluyente; por esa razón este edificio carece de puertas y rejas de control; esto quiere decir que el centro cultural está abierto todos los días, durante todo el año, para todas las personas.

La envolvente perimetral del edificio ha desaparecido, y sólo una hilera de columnas (en especial por la calle 11) se ha convertido en la frontera, entre el interior del edificio y el espacio urbano. El limite, que en las construcciones de este sector de la ciudad se caracteriza por ser de gruesos muros con pocas aberturas, en la obra de Salmona se ha convertido en una abstracción, que sólo parece ser un muro cuando se mira de perfil, como sucede con la columnata de Berníni en la plaza de San Pedro, en el vaticano.

Además de la casi desaparición de la envolvente, el arquitecto generó dos patios circulares; uno –el más grande y que está enfrente del acceso principal– a la manera de una gran plaza pública que convoca a los transeúntes y a la vez se fuga a hacia la ciudad. Y otro que está contenido por el cerramiento acristalado de la librería, que lo bordea casi en su plenitud; patio que en su centro posee un espejo de agua que refleja el cielo, y es cobijado por la espesa vegetación que se descuelga de las macetas ubicadas un piso arriba, en las terrazas.

Las personas, si así lo prefieren, pueden subir directamente a las terrazas del edificio sin involucrarse en las otras actividades que se estén desarrollando dentro de él. El arquitecto cuidó con detalle la accesibilidad para todas las personas en todas las espacialidades del edificio; en ese sentido su arquitectura no es dogmática, al contrario, le brinda la posibilidad al ser humano de que escoja los recorridos, la actividad que quiere realizar; si quiere estar sólo o reunido con los demás seres humanos; en fin, la obra es sólo un ramillete de posibilidades para el habitante.

Salmona no escatimó en llenar a esta obra de detalles, que la vuelven sumamente compleja en su sencillez. El manejo de las volumetrías casi desmaterializadas, las relaciones espaciales basadas en ritmos de sombras y penumbras, las curvas insertas en la racionalidad del rectángulo, las terrazas como balcones, los patios como plazas, los accesos ceremoniales, los espacios cedidos a la ciudad, la solución de la esquina urbana, los recorridos bifurcados, las transparencias, las texturas del concreto y del ladrillo; la calidez de la madera en pisos, estanterías y barandales; la vegetación en los patio y terrazas; el agua, el sonido del viento, el encuentro entre los materiales; son sólo algunos de los detalles evidentes, que revelan las incansables reflexiones del arquitecto, en su búsqueda por encontrar a las potencialidades del espacio habitable de los seres humanos.

Hasta este momento se han resaltado especialmente las cualidades espaciales de la obra; sin embargo, es importante ahondar en la manera en cómo el arquitecto solucionó las relaciones del habitante con todo lo que lo rodea, en otras palabras con su contexto; que como se mencionó en el apartado anterior, es el que en gran porcentaje determina las características esenciales de los seres humanos.

En cuanto a los requerimientos biológicos del ser humano, el Centro Cultural Gabriel García Márquez promueve varios tipos de relación entre el habitante y el clima de la ciudad de Bogotá, el cual se caracteriza por ser frio y lluvioso durante gran parte del año. El edificio ofrece espacios para actividades al aire libre, para cuando el clima lo permita; recorridos cubiertos, para cuando sea necesario protegerse de los rayos del sol o de las intensas lluvias. Hay espacios íntimos cubiertos y descubiertos; y espacios preparados para confortar del frio y brindar calidez al habitante, como el de la librería, que está revestida de madera natural y coloreada por el pigmento naranja –claro– del ladrillo de la sabana de Bogotá.

La relación del ser humano con la naturaleza también está resuelta en este edificio. La vegetación que descuelga de las terrazas, y la que está puesta en algunas macetas regadas por el espacio, expirando el olor a tierra y a plantas aromáticas. La naturaleza milenaria de los Andes –cerros orientales de la sabana– se hace evidente desde los patios y terrazas. El agua acompañando el recorrido de los espacios exteriores, rebosándose en los aljibes del patio principal y en el espejo de agua del patio de la librería. El viento estremeciendo la vegetación y chocando con los elementos verticales que soportan la estructura; y finalmente la luz del sol, que en las tardes casi rojizas, enciende el color naranja del ladrillo y el ocre del concreto, para llenar de calidez los ojos de los habitantes.

El centro cultural también permite la relación del habitante con la ciudad misma. Las terrazas son balcones para admirar las edificaciones antiguas del centro histórico y también para levantar la mirada hacia los edificios más recientes. El edificio es una especie de vitrina que enmarca, como un cuadro, las calles aledañas y permite ver detenidamente el movimiento, es decir, la vida de este sector de la ciudad.

Esta obra fue esencialmente pensada para promover la relación de los seres humanos con los otros seres humanos; es una arquitectura del encuentro. Por eso no tiene barreras, al contrario, convoca a la integración; esa es la función primordial de su patio principal; que desde mi punto de vista, más que patio es una plaza. Este espacio puede considerarse parte del tejido urbano de esta parte de la ciudad. Sólo bastó que se inaugurara el edificio para que la gente se abarrotara en él y lo convirtiera en una plaza de actividades culturales; mientras que los antepechos de las terrazas se han convertido en los palcos para poder disfrutar de dichos eventos.

Aunque suene paradójico, la arquitectura del Centro Cultural Gabriel García Márquez también promueve el encuentro del habitante consigo mismo. A la manera de los rincones descritos por Bachelard, Salmona ha dejado sugerencias en el espacio que permiten que las personas se sientan recogidas por él y puedan meditar sobre ellas mismas. Las bancas, los antepechos anchos, las esquinas de encuentro entre la geometría curva y la ortogonal, son algunas de esas sugerencias, que con el paso del tiempo han sido apropiadas por los seres humanos.

En este edificio el ser humano también tiene la oportunidad de estrechar su relación con el cielo; con el cosmos. Los patios para

Salmona son aljibes del cielo; y por si fuera poco, el arquitecto ha tomado la decisión de duplicarlo con el espejo de agua que está contenido en el patio de la librería. Patio adonde se fugan todas las miradas desde el espacio interior de esta parte del edificio. Pareciera que el arquitecto intencionalmente, quiso acercar a los habitantes de la librería un fragmento del cielo bogotano.

Las costumbres y la historia también están a la merced del habitante; no en vano Salmona dispuso, tanto en espacios interiores como exteriores, elementos para resaltar la belleza de la antigua cubierta de la catedral o para enmarcar algunas reminiscencias conservadas de la arquitectura de la época colonial. Las terrazas a la mejor manera de balcones rememoran los días de mercado, cuando los señores de las casonas se asomaban para ver el acontecer de la ciudad; asimismo hoy los seres humanos que habitan este edificio observan calladamente el fluir de la vida por estas estrechas calles tan cargadas de memorias individuales y colectivas.

En esta obra de arquitectura también ha habido espacio para resaltar la relación del ser humano con lo trascendental; reflejada en los mitos y ritos que son evocados desde sus espacialidades. El acceso –por la calle once– por citar un ejemplo, es un espacio ceremonial; una transición en la que el habitante es recibido por el agua que viene a su encuentro y lo limpia mientras está en la penumbra del adentro-afuera, para que pueda dirigirse hacia las escalinatas que lo separan y además lo acercan al corazón del edificio, el patio-plaza principal.

Antes de que el habitante suba las escalinatas, está obligado a mirar hacia el cielo y divisar a lo lejos los cerros orientales, lugar donde habitan los seres superiores –según los Muiscas, antigua cultura precolombina que habitó este territorio– que alimentan la sabana, dejando fluir el agua para que la madre tierra sea fecundada.

Luego en un impulso que implica esfuerzo por parte del habitante, éste asciende por las escaleras y llega finalmente al nivel donde el cielo se abre ante sus ojos –el patio principal– y tiene la posibilidad de acercarse a la librería, que como otro espacio sagrado, alberga la luz del conocimiento que contienen los libros en su interior.

Lo sorprendente de todo esto que se ha narrado hasta el momento, es que antes de haber sido materializado el edificio, todas estas relaciones que hoy son evidentes en la arquitectura del Centro Cultural Gabriel García Márquez, fueron construidas, analizadas, comprendidas, en la imaginación del arquitecto.

Muchas veces se le criticó y aún se le critica a Rogelio Salmona el haber generado un lenguaje arquitectónico propio. Para muchos, sus obras son la repetición de ese lenguaje. Sin embargo, habría que percatarse de que el contexto en el que Salmona trabajó casi toda su vida siempre fue el mismo: la sabana de Bogotá. Lo que se quiere decir con esto es que las obras de este arquitecto no pertenecen solamente al entorno inmediato en donde se han implantado, sino que son lugares dentro de un lugar más grande en donde hoy conviven a diario más de ocho millones de vidas.

Probablemente, Salmona entendía más del pensamiento complejo que aquellos que lo criticaban. Sus obras llegan hasta donde los ojos del habitante puedan observar; es decir, están relacionadas con más cosas de las que uno a simple vista podría imaginar. Con estos argumentos se podría responder brevemente a la siguiente pregunta ¿Cuánto tiempo le tomó a Salmona comprender a los habitantes de su arquitectura? Nos tomamos el atrevimiento de responder: todos los años de su existencia que pudo vivir en Bogotá.

Comprender de tal manera al habitante, le permitió a este arquitecto diseñar espacios que responden, además de los requerimientos espaciales y físicos, a los requerimientos espirituales de los seres humanos. El centro cultural es una frontera entre el ser humano y el cosmos, que brinda espacialidades flexibles para que en un futuro se puedan desarrollar otras actividades en él; y a su vez, está tan arraigado a su sitio, que parece que está destinado a permanecer por mucho tiempo en él.

Para que el ser humano tenga una buena muerte, es necesario que haya vivido primero una buena vida, dice Heidegger. Y vivir una buena vida implica ser consciente de lo que se es, de donde se viene y hacia donde se va. Se ha resaltado cómo esta obra de Salmona permite que el ser humano sea consciente de su presente y su pasado; y ahora, brevemente y para terminar esta corta reflexión, se explicará porque también origina en sus habitantes un empuje hacia el futuro.

|Jorge Aníbal Manrique Prieto

Hace poco más de una década, Colombia estaba más inmersa que nunca en un conflicto armado entre el estado y los grupos al margen de la ley, constituidos por guerrillas y carteles del narcotráfico. Por su parte, los especuladores del suelo buscaban la manera de aprovecharse de la situación para irrumpir en los centros históricos de las ciudades, y poder sacar provecho económico, haciendo arquitecturas insonoras, incoloras e inhabitables. En pocas palabras, salir a las calles, en especial las de Bogotá, era un acto de valentía.

De repente, de la mano de algunos hechos políticos, surgió un proyecto arquitectónico –la renovación del museo del Banco de la República- que se materializó a un par de cuadras de la localización de lo que hoy es el Centro Cultural Gabriel García Márquez. Era una obra de otro importante arquitecto colombiano: Enrique Triana. Salmona en agradecimiento –y a pesar de que entre ellos no hubiese una buena relación- por esa obra que se abría a la calle, que era incluyente; de manera sobria le remitió unas profundas palabras, a través de una nota que decía: "qué bella obra le has regalado a la ciudad".

Después de algunos años la oportunidad fue para el mismo Salmona, quien no escatimó en escribir un discurso político de integridad e integración a través de su obra. En alguna ocasión mencionó el arquitecto:

"Vivimos en medio de tragedias permanentes, pero también acompañados de la alegría de vivir. Ni siquiera en sus peores momentos ha perdido Colombia la posibilidad de cantar, bailar, escribir, soñar y construir. No ha perdido esa fortaleza. No ha perdido ese entusiasmo. (…) El canto a la vida es permanente porque se sabe que la vida es fugaz y la muerte imprevisible. Se vive sin memoria, pero es inevitable recordar. Se quiere tener identidad, pero no se trabaja para conseguirla. La identidad se construye todos los días" [21].

El Centro Cultural Gabriel García Márquez al igual que el museo del Banco de la República, se han encargado de seguir tejiendo con visión al futuro, los lazos de identidad entre los bogotanos. Este par de intervenciones, no sólo rompieron los muros que paramentan las edificaciones coloniales del centro histórico de la ciudad; sino que se han propuesto romper las cadenas de la desigualdad social, y entregar una dosis de esperanza, de confianza de colectividad, de paz, de unidad, de humildad y de libertad a los habitantes de la ciudad.

Valores como la seguridad, la confianza, la paz o la esperanza; en el Centro Cultural Gabriel García Márquez, han dejado de pertenecer a un lenguaje de muros, de fortalezas, y se han convertido en vacíos. Ahora lo seguro no se plantea como lo encerrado o lo hermético; lo seguro es sinónimo de transparencia, de evidencia; en definitiva, de una arquitectura de puertas abiertas. Al respecto Salmona comenta:

"Es necesario pensar en la perdurabilidad, en el futuro, en los niños de hoy y hombres de mañana. Estamos urgidos de nuevas propuestas estéticas, espirituales, funcionales. Como lo profetizaba Albert Camus: «Nos pueden maldecir por poder haber hecho tanto y haber hecho tan poco». (…) Intentamos hacer una arquitectura embebida de esperanzas, y posibilidades" [22].

Notas
1. Foucault, Michel, "Las palabras y las cosas: Una arqueología de las ciencias humanas", México: Siglo XXI, 1968, p. 56
2. Foucault, op. cit., p.133. Por su parte Edgar Morín comenta con relación a la reducción y a la simplificación características de nuestro tiempo: "El principio de reducción conduce naturalmente a restringir lo complejo a lo simple. (…) también puede cegar y conducir a la eliminación de todo aquello que no sea cuantificable ni medible, suprimiendo así lo humano de lo humano, es decir, las pasiones, las emociones, dolores y alegrías." Morin Edgar; Los siete saberes necesarios para la educación del futuro, México: UNESCO: Correo de la UNESCO, c1999, p. 40.
3. Foucault, Michel, op. cit., p.59.
4. Morín hablando de la condición cósmica de lo humano comenta al respecto: "Somos resultado del cosmos, de la naturaleza, de la vida, pero debido a nuestra humanidad misma, a nuestra cultura, a nuestra mente, a nuestra conciencia, nos hemos vuelto extraños a este cosmos que nos es secretamente íntimo." Morín, Edgar, op. cit., p. 50
5. Foucault, op. cit., p. 85
6. Foucault, op. cit., p. 138
7. Foucault, op. cit., p.179
8. Esto es lo que Edgar Morín denomina como lo complejo. Al respecto comenta: "(…) hay complejidad cuando los diferentes elementos

que constituyen un todo (…) son inseparables y existe un tejido interdependiente, interactivo e inter-retroactivo entre el objeto de conocimiento y su contexto, las partes y el todo, el todo y las partes, las partes entre ellas. Por ello, la complejidad es la unión entre la unidad y la multiplicidad." Morín, Edgar, *op. cit.*, p. 37.
9. Al respecto, comenta Foucault: "Como contrapunto de estas tentativas de reconstruir un campo epistemológico unitario, se encuentra, a intervalos regulares, la afirmación de una imposibilidad: ésta se debería o bien a una especificidad irreductible de la vida (que se intenta cercar, sobre todo a principios del siglo XIX), o bien al carácter singular de las ciencias humanas que se resistirían a toda reducción metodológica (…)." Foucault, *op. cit.*, p. 260.
10. Foucault, *op. cit.*, p. 320. Por su parte Morín propone que es necesario dejar que la incertidumbre tenga protagonismos en la existencia del ser humano. La verdad única no existe. "el conocimiento es navegar en un océano de incertidumbres a través de archipiélagos de certeza" dice el autor. Morín, Edgar, *op. cit.*, p. 81.
11. Foucault, *op. cit.*, p.318.
12. "Todo ser humano, toda colectividad, debe dirigir su vida en una circulación interminable entre su pasado, donde encuentra su identidad apegándose a sus ascendentes; su presente, donde afirma sus necesidades, y un futuro hacia donde proyectar sus aspiraciones y esfuerzos". Morín, Edgar, *op. cit.*, p. 71.
13. Foucault, *op. cit.*, p.335
14. Morín comentando sobre la fragilidad del concepto de progreso, dice: "(…) no es el abandono del progreso sino el reconocimiento de sus carácter incierto y frágil. La renuncia al mejor de los mundos no es de ninguna manera la renuncia a un mundo mejor", Morin, *op. cit.*, p. 85
15. Foucault, *op. cit.*, p.335
16. Foucault, *op. cit.*, p.340.
17. Foucault, *op. cit.*, p. 343
18. Heidegger, Martín, "Construir, Habitar, Pensar", Conferencias y Artículos, SERBAL, Barcelona, 1994, p.10.
19. Morín, Edgar, *op. cit.*, p. 91.
20. Morín, Edgar, *op. cit.*, pp. 94 y 95.
21. Sociedad Colombiana de Arquitectos, "Rogelio Salmona: espacios abiertos / espacios colectivos", Bogotá: SCA, 2006, p. 89.
22. Sociedad Colombiana de Arquitectos, *op. cit.*, p. 90.

Bibliografía
Foucault, Michel, "Las palabras y las cosas: Una arqueología de las ciencias humanas", México: Siglo XXI, 1968.
Heidegger, Martín, "Construir, habitar, pensar", conferencias y artículos, SERBAL, Barcelona, 1994.
Morin Edgar, "Los siete saberes necesarios para la educación del futuro", México: UNESCO, 1999.
Sociedad Colombiana de Arquitectos, "Rogelio Salmona: espacios abiertos / espacios colectivos", Bogotá: SCA, 2006.

120

El Patio
Espacio esencial para los niños en méxico

NORMA GUADALUPE MARTÍNEZ ARZATE

Introducción
Dentro de la crisis actual que enfrenta la arquitectura, la pérdida cualitativa de los espacios y la deshumanización de los espacios habitados son quizás los más graves. Consciente de este hecho, la presente investigación es un intento para demostrar que volviendo a la esencia de la arquitectura: el hombre, podemos ofrecer soluciones más humanas al problema del habitar. El patio es el espacio esencial de los niños y pretende ser una respuesta a la búsqueda de mejores soluciones.

El patio: espacio esencial
La casa encierra en sí misma otros espacios que adquieren significación en quienes la habitan de acuerdo a su edad, son los espacios de ensueño, limitados física o simbólicamente, "sólo cuando el espacio se convierte en un sistema de lugares significativos cobra vida para nosotros, se convierte en lugar" [1].

El patio es ese lugar para los niños, espacio sagrado que queda grabado para siempre en su memoria. Patio, lugar para vivir, espacio con vida. Patio, testigo silencioso de juegos, tristezas, alegrías y fantasías, lugar de algo, lugar de alguien, lugar de ensueño. Bachelard considera que al ensueño le pertenecen valores que marcan al hombre en su profundidad, por lo tanto es posible afirmar que la experiencia del niño en este espacio influirá en cada una de las porciones de su ciclo de vida.

Paola Coppola propone en *El espacio que habitamos*, que el espacio adquiere valores simbólicos con base en las cualidades de las fases de la vida. "Para un recién nacido la recámara es más importante que para un niño de 4 o 5 años, como el balcón es para una anciana más importante que para un joven" [2]. Asimismo propone el campo, el bosque, el parque como el espacio sagrado para el adolescente; la sala y el estudio en la etapa madura; en la vejez debido al cansancio, enfermedad y necesidad de descanso, la recamara y el balcón. Para este estudio el patio es considerado como el espacio sagrado de los niños, porque más allá del uso que el niño hace de él, está el significado que adquiere durante su niñez.

En esta etapa el ambiente familiar influye notablemente, existe una gran interacción entre el niño y el espacio, por medio del juego asimila y desarrolla su potencial creativo; maneja conceptos de tiempo y espacio, en donde el patio adquiere importancia en cuanto a los demás espacios físicos de la casa. Debido a lo anterior es importante conservar el patio como espacio propio para la dimensión imaginaria.

El patio: concepto y definición

El Vocabulario Arquitectónico Ilustrado define patio como el "espacio cerrado con paredes o galerías que en las casas y otros edificios se deja al descubierto". Por su parte, Werner Blaser en su libro *Patios: 5000 años de evolución desde la antigüedad hasta nuestros días,* lo define como una parte de la casa delimitado por paredes o, al menos, un espacio parcialmente abierto que juega un papel importante en la historia de la humanidad, pero él va más allá, al atribuir al patio una función más que física, afirma que debido a su aislamiento, el patio proporciona a sus habitantes la ilusión de una zona de dominio figurado, en la cual su existencia se encuentra segura de cualquier peligro. Filosóficamente, lo define como el espacio de paz y recogimiento, que protege del mundo exterior y permite integrarse al medio.

El patio es un espacio interno de la casa, lo interior representa la esencia de quien lo habita, sin mascaras ni apariencias, por lo tanto el patio es un espacio autentico que permite ser plenamente uno. La casa representa el primer universo, el patio es el rincón de este universo. Aplicando las palabras de Bachelard, el patio es un espacio vivido, captado por la imaginación, aloja recuerdos y olvidos, es el rincón del mundo, ser interior. Quién no recuerda el patio de su vivienda, éste llega representar el universo dentro de un espacio que proporcionaba seguridad, pero que a la vez permitía tener un contacto con el mundo exterior. Psicológicamente, el patio es el espacio "configurado para resolver las exigencias infantiles, representa el lugar de satisfacción motora, además ayuda al crecimiento biológico y espacial del niño.

El patio en México
En México el patio ha estado presente desde la época precolombina como elemento sagrado, primero en las plazas rodeadas de pirámides y en la vivienda doméstica en una escala más humana. Sin embargo, su espacio interior es pobre en comparación con los lugares espaciales de la arquitectura monumental, [3] debido a que concedieron más importancia a los espacios abiertos.

En el mundo prehispánico, el niño vive al exterior, todo iba enfocado a una educación de castas sociales, no a los juegos recreativos, excepto en el juego de pelota. Estas actividades se desarrollaban al exterior y el niño participaba directamente en la vida doméstica, religiosa y militar.

Durante los tres siglos de la colonia, la arquitectura doméstica se diversifica, haciéndose más notorias las diferencias entre ésta debido a las marcadas diferencias sociales existentes. Las clases más bajas vivían en jacales a orillas de la ciudad; aparece la vecindad como respuesta a la demanda de vivienda para las clases medias. En tanto la clase alta ocupaba grandes áreas con patios abiertos al cielo por donde reciben aire, luz y sol, que las hacen alegres y sanas. [4] En este tipo de vivienda, el patio no es un espacio de convivencia como en la vecindad, pero sí permite comprender claramente la estructuración del organismo [5].

En años siguientes, los cambios más sobresalientes se dan en la arquitectura doméstica urbana en cuanto a magnitud de espacios, contrario a lo que ocurre en la vecindad, la cual absorbe la intensa demanda de los habitantes, por lo que, lo que en un principio eran casas se adaptaron para albergar un gran número de familias, es en este esquema de vivienda donde el patio se convierte en el espacio central más importante, centro de convivencia e interacción entre los que habitan la vecindad.

A finales del siglo XIX, este esquema de vivienda ha proliferado, debido a que funciona como una opción de vivienda arrendada a bajo costo para personas de escasos recursos.

La situación de la arquitectura doméstica a principios de siglo es la siguiente: "Los edificios de habitación del periodo porfirista acentúan sus rasgos esenciales, surgen nuevos tipos que más que innovar son una copia de la arquitectura doméstica francesa" [6].

La vivienda de clase baja continúa siendo la vecindad, que llega a contener hasta cinco patios; dependiendo de la situación económica del habitante es el patio que ocupa. Por otra parte, la clase media habita en casas solas de dos plantas, mientras que la vivienda de la burguesía se caracteriza por su altanería y aislamiento, la vida en ella estaba concebida como un ritual en el que cada habitación servía para una ceremonia previamente determinada [7].

En este momento el esquema central de patio desaparece. En las décadas de los 30 y 40 la vivienda evoluciona entre otros factores por el acelerado crecimiento urbano, la movilidad de la población, disminución del tamaño de la familia, altas densidades y el uso intensivo del automóvil. A finales de la década de los 50, siguiendo la tendencia marcada por la arquitectura internacional, se construyen los primeros multifamiliares, como una alternativa para proporcionar vivienda masiva a un mayor número de habitantes; sin embargo, no tienen la riqueza espacial de las vecindades y sus grandes espacios públicos son abandonados debido a la falta de identidad y arraigo. En estos espacios no se considera al grupo infantil, no se tienen en cuenta las necesidades de los niños.

El patio en México hoy

Como resultado del movimiento moderno, en la ciudad predomina la vivienda urbana occidental que es extrovertida orientada a la calle. En la casa individual, el patio ha sido sustituido por la cochera, el cuarto de televisión, cuarto de juegos. Los juguetes modernos llevan a que el niño juegue solo en comparación con los juegos de otras épocas.

La proliferación de la televisión no sólo como medio de información sino entretenimiento masivo ha determinado una amenaza considerable para el juego, hoy en día los niños pasan más tiempo viendo televisión y menos tiempo jugando con otros niños. Estudios realizados demuestran que la televisión produce en los niños una actitud agresiva. La existencia del patio en una vivienda es necesaria, podría ser el elemento unificador que propicie la unión familiar y proporcione al niño las imágenes necesarias para subsistir.

La vivienda debe poseer todo lo que un niño necesita. Si el niño no tiene un lugar propio, la falta de este lugar va formando en él sentimientos de violencia. La falta de espacio puede afectar la personalidad del hombre, así como el hombre no puede vivir sin sueños, pues se volvería loco, necesita para su equilibrio espacio para poder estar solo [8].

En la vivienda unifamiliar horizontal, las viviendas se asocian entre sí, sin perder sus características, tienen jardín propio y área de uso común, este espacio está destinado generalmente para los niños, en esta área los niños juegan y trepan por los juegos infantiles. El patio que existe es el de servicio que tiene una función utilitaria, característica de la vivienda urbana occidental.

La vivienda mínima vertical o edificios de departamentos, es pequeña, comparte servicios, áreas verdes ajardinadas, andadores y área de estacionamiento. En este tipo de vivienda la calle y el área de estacionamiento son los lugares donde los niños juegan, crecen y platican. A pesar de que la calle es la base de la estructura urbana, espacio público abierto, universo sin principio ni fin, no ofrece al niño la seguridad y dicha que le ofrece el patio de la casa.

El patio es el centro de la vida doméstica, lugar público común, espacio para convivir, platicar, lugar de fiesta. El patio ve a los niños crecer, crear su propio mundo, para el niño es su lugar, su escondite, el niño lo ve como su espacio. Una vez que aparece el automóvil, la calle pierde significación, el niño se pierde entre el mar de automóviles y ruidos, todo es máquina y la vida íntima huye por todas partes. Bachelard añade a esta falta de consuelo y protección la ausencia de valores íntimos de verticalidad así como falta de cosmicidad en la casa de las grandes urbes.

El patio en la escuela

La escuela como espacio educativo considera importante el ambiente físico y las influencias del ambiente en el desarrollo del individuo". Sin embargo, el incremento de la demanda educativa de niños ha generado la necesidad de crear nuevos centros de enseñanza que la satisfagan, esto ha propiciado la proliferación de instituciones educativas respaldadas por personas que ven la enseñanza como un medio para ganar dinero, perdiendo de vista el objetivo de la misma. Olvidando que "la relación del niño con el espacio es fundamental y permanente" [9].

Por su parte Luis Kahn concibe la escuela "como un ambiente en el cual es bueno aprender" y afirma que cuando se refiere a la "calidad del entorno de las instituciones educativas" debe considerar también los espacios exteriores (patio), de tal manera que exista un equilibrio entre el espacio interior y el espacio exterior, propiciando" el habla, el pensamiento, la construcción de juegos, etc..." [10].

Actualmente las instituciones educativas cuentan con un patio, pero en su mayoría son espacios desaprovechados no responden a las necesidades de los alumnos. Javier Garay en Los patios. Centro de desarrollo humano propone que los patios tengan características particulares que los diferencia de los demás espacios; afirma que el patio no debe ser un área independiente del espacio educativo, sino una extensión del mismo.

Conclusiones
Es notable observar que el patio ha estado presente en la vivienda de México, adaptándose y respondiendo a las necesidades de cada época. En algunos casos se presentan como verdaderos recintos y espacios de convivencia, en otros permiten un mayor aprovechamiento climatológico, por lo anterior debe considerarse elemento esencial de la arquitectura.

La nueva forma incongruente de vivienda, ha contribuido a su extinción; no obstante, México y el mundo empiezan a reconocer su valor al observarse los primeros intentos por reintegrarlo a los diseños de casas y edificios. Lo que pretende esta investigación es identificar las características esenciales del patio, reinterpretarlas y reincorporarlas a los espacios de los niños principalmente, sin caer en romanticismo, ni en copias, lo importante es no olvidar nuestros orígenes, y diseñar con base en estos, tomando en cuenta las necesidades de la época. Podríamos empezar nosotros en nuestro quehacer arquitectónico.

Notas
1. Ten Molina J., "La casa patio, un modelo de vivienda para la ciudad de México", Tesis, México: UIA, 1995, p.32.
2. Coppola Pignatelli, "Análisis y diseño de los espacios que habitamos", México: Pax, 2004, (295 pp.).
3. Molina, *op. cit.*, pp. 58, 59.
4. Garay Soberón, "Vecindades: Tradición y legado", Tesis, México: UIA, 1994, p. 26. Haciendo referencia a José Ma. Marroquí.
5. Molina, *op. cit.*, pp. 64.
6. Garay, *op. cit.*, pp. 26-39.
7. Garay, *op. cit.*, pp. 39.
8. Coppola, *op. cit.*, pp. 194, 195.
9. Garay Fernández, "Los patios. Centro de desarrollo humano", Tesis, México: UIA, 1998, p. 16.
10. Ídem.

Bibliografía

Coppola Pignatelli, "Análisis y diseño de los espacios que habitamos", México: Pax, 2004.

Garay Fernández, "Los patios. Centro de desarrollo humano", Tesis, México: UIA, 1998.

Garay Soberón, "Vecindades: Tradición y legado", Tesis, México: UIA, 1994.

Ten Molina J., "La casa patio, un modelo de vivienda para la ciudad de México", Tesis, México: UIA, 1995.

128

Los espacios para los niños

MARCOS MEJÍA LÓPEZ

Ya desde hace mucho tiempo, se ha visto en la niñez, el reflejo de la realidad futura. Quizá sea extraño el hecho de que en el año 2000, se juzgue al niño contemporáneo con un criterio muy diferente al de la edad de piedra, porque anatómicamente no ha habido gran evolución. Por otro lado, lo que ha cambiado es la tecnología, la ciencia, el medio ambiente, los sentimientos y, por sobre todo, la percepción. A través del tiempo, el niño se identificaba primeramente con las formas interiores de la madre. Posteriormente, en la salida al mundo real, encontraba: las manos, el pecho, los labios, los ojos y la cara de la madre; y conocía a las primeras personas que se acercaban a él. En este sentido, el primer espacio queda sostenido en el interior de la madre, dentro de un espacio considerado anatómicamente perfecto, "una burbuja", la cual alguna vez dibujó el gran Leonardo da Vinci. Este es en esencia el espacio primordial de llegada al cosmos, también se puede considerar como una cápsula.

Ahora estos acontecimientos están cambiado, con la ingeniería genética al obtener a los primeros seres humanos en probeta y al efectuarse incontables intentos de experimentación, que han llegado incluso a situarse en la clonación. El espacio de la niñez está cambiando con la tecnología y la ciencia. La distancia, el tiempo y la energía se han manipulado. Con lo cual, todo ya puede ser materia oficiosa del diseño y de preconcebir un mundo que en muchos casos puede ser ideal, pero no por eso mejor.

Los contenidos de forma de vida futura podrán ser incluidos en la novela de ciencia ficción "Un mundo feliz". La llegada al universo por parte de otras especies de la naturaleza terrena se dictaminan por la avenencia y el equilibrio de energía cósmica acompañados de la secuencia, el enlace y la continuidad del espacio. En una visión muy similar de la naturaleza humana que no pasa por el laboratorio.

Para los que todavía nacimos dentro del vientre de una Madre, seguimos el tránsito del espacio y los objetos del modo que a continuación se comenta. El espacio para los niños en la primera fase es desarrollado dentro de una forma continua, como lo es la órbita de los planetas alrededor del sol y su secuencia. En cuanto a las etapas de reconocimiento de los objetos y el espacio se tiene que ellas se pueden clasificar en tres predominantes:

- La de los objetos y el espacio dominantes.
- La de los objetos y espacio dominados, y
- La manipulación de los objetos y el espacio.

En la primera etapa, el niño observa y experimenta una vista a la naturaleza de objetos naturales y artificiales, que en ningún momento pueden ser considerados como propios, ya que todo le es ajeno por fútil que sea desde el micro-mundo hasta el macro-mundo.

En la segunda etapa, el infante conoce los objetos y el espacio, pero lo más importante es cómo trata de apropiarse de ellos por medio de sus sentidos, todos de forma muy simultánea, ya que caminar o recostarse sobre una porción de tierra es un aspecto que cotidianamente hará a lo largo de la vida; también el introducirse al agua será una experiencia especial; posteriormente saltar al vacío en un intento de volar entre dos objetos relativamente minúsculos le hará sentir una relativa gravedad y pérdida de peso físico; la sensación del aire, frío y el calor le provocarán la insistencia de la vida, reflejada en su cuerpo.

Pero el espacio tiene que ver con extensión, distancia y tiempo situado en el medio universal, el niño tendrá una idea de estos aspectos al intervenir como actor protagonista de su mundo, de forma consciente e inconsciente. En la tercera etapa el infante llega a manejar, utilizar y usar a su libre conveniencia el espacio, el tiempo, la distancia y los objetos; es decir, es proclive a la modificación del universo mismo. Ya en este sentido podrá aplicarse a la vida, a modo de juego. Jugamos para entender la realidad, lo que ha sido impuesto por la civilización a lo que se origina en el mundo mental, aunque esté lleno de fantasía.

Por tanto, si se revisa el sentido del espacio para los niños, este comienza con el movimiento y la relación de los objetos. Y se recomienda acudir a la etapa de desarrollo, en la cual se incluya el infante. En cuanto al espacio que desarrolla el niño para sí mismo, es necesario revisar las exhaustivas.

Investigaciones del siglo XIX realizadas por Friedrich Froebel, quien llegó a conclusiones muy trascendentales al observar a la niñez en los jardines de niños (kindergarten) y conocer de las aptitudes de los infantes, para entender elementos en reposo, en movimiento y mixtos. Sobre todo su teoría de "Dones y Ocupaciones" es básica para entender a los niños y sus aspiraciones de espacios y objetos. Los dibujos y artesanías de los niños son la clave para concebir su espacio, el espacio que ellos quieren, esto se debe de revisar en cualquier etapa de la niñez a partir de la instrucción manual que en ellos tiene lugar.

Es importante también considerar que en el momento que el arquitecto pretende realizar los "espacios para los niños", éste realice un estudio muy completo de formas, objetos, con los cuales el niño se identifica de modo intensivo, ya que no basta acercar a su mano círculos, cuadrados, triángulos; y colorearlos de rojo, azul y amarillo. La búsqueda de este espacio hará tocar la realidad con la fantasía. Y va más allá de la geometría simple ya que se incursiona a otras ciencias como la psicología, la medicina, matemáticas, física y química, entre otras. Y además debe ser asesorado por niños.

Los infantes en sus realizaciones plásticas, han puesto de manifiesto su consideración por lo simple, equilibrado, necesario y elegante. Incluso gran parte de los fenómenos de la arquitectura y el arte contemporáneos se deben en parte a ellos. El niño también busca la equidad con las estructuras en el momento de apilar objetos y buscar un espacio para ellos, en funciones básicas.

Los niños en su concepción de espacio de juego, se adaptan a todo lugar, considerando dos ingredientes principales, que son: su imaginación y habilidad de movimiento. Por lo que, el patio, la recámara, el jardín, un campo, se convierten en un barco, y puede ser hasta una ciudad. La mente del niño tiene pocas limitaciones. Los espacios virtuales pueden obstaculizarlo en ciertas condiciones.

Creo, por lo tanto, que el espacio habita en la mente.

Bibliografía
Gordon, J.E. "Estructuras o porque las cosas no se caen", Madrid: Celeste Ediciones, 1999.
Lupton E., Abbot M., "el abc de la Bauhaus y la teoría del diseño", España: G. Gili, 1994.
Kenneth Clark, "Leonardo da Vinci", Madrid: Alianza Forma, 1991.

134

Ciudad ¿obras de la mente, el azar o un sueño?

YHESSY AURORA PAREDES CHÁVEZ

Ocurre con las ciudades como con los sueños: todo lo imaginable puede ser soñado pero hasta el sueño más inesperado es un acertijo que esconde un deseo, o bien su inversa, un miedo. Las ciudades, como los sueños, están construidas de deseos y de miedos, aunque el hilo de su discurso sea secreto, sus reglas absurdas, sus perspectivas engañosas, y toda cosa esconda otra…

…De una ciudad no disfrutas las siete o las setenta y siete maravillas, sino la respuesta que da a una pregunta tuya.
Italo Calvino, 2012

"Toda la vida en las sociedades donde rigen las condiciones modernas de producción se manifiesta como una inmensa acumulación de espectáculos.

Todo lo que antes se vivía directamente, se aleja ahora en una representación."
Guy Debord, 1967

Dos citas un poco contradictorias, un concepto en cuestión: la ciudad, ¿obra de la mente, el azar o un sueño?

La ciudad, ¿por qué la ciudad? Porque a la ciudad la vemos como espacio, como experiencia y como diversidad social, vislumbrar el entorno urbano, es decir, la ciudad, demanda que actualmente se tenga una mirada abierta. Lo que no debemos hacer es abordar al espacio urbano solamente como la dimensión física de la ciudad, sino que es primordial añadir la experiencia de quienes la habitan. Y esta imagen se perfecciona con que las experiencias de vivir en una ciudad son diversas y penden de las expectativas, los logros, las frustraciones, etc., de los sujetos. Raymond Ledrut (1974) nos comenta que la ciudad "…no es una suma de cosas, ni una de éstas en particular. Tampoco es el conjunto de edificios y calles, ni siquiera de funciones. Es una reunión de hombres que mantienen relaciones diversas" [1].

Entonces, cómo diseñar una ciudad, interpretando palabras de Guy Debord en el proceso proyectual; las pautas de diseño no son las imágenes visuales mediatizadas, que imponen las relaciones sociales. Las pautas son por esencia el habitante mismo y sus relaciones sociales reales.

Es por esto que el usuario es de suma importancia en el diseño; cabe mencionar a Kevin Lynch, quien nos señala que los usuarios, el habitante y todos nosotros "...tenemos la oportunidad de constituir nuestro nuevo mundo urbano en un paisaje imaginable, es decir, visible coherente y claro. Esto exigirá una nueva actitud por parte del habitante de la ciudad y una remodelación física de su dominio en formas que extasíen la vista, que por sí mismas se organicen en nivel en tiempo y espacio, que puedan representar símbolos de la vida urbana" [2].

La ciudad se crea mucho antes que en su arquitectura se establezca precisamente, en sus valores, en su cultura, en su gente, en cómo la habita, en sus estilos de vida, es decir, nosotros vivimos la ciudad cuando se tienen los pies en la tierra, sin embargo, la habitamos en la cabeza por medio de la mediatización como nos dice Vargas Llosa, que la civilización del espectáculo tiene una característica que es el empobrecimiento de las ideas como fuerza motora de la vida cultural. Hoy vivimos la primacía de las imágenes sobre las ideas. Por eso los medios audiovisuales, el cine, la televisión y ahora Internet han ido dejando rezagados a los libros, los que, si las predicciones pesimistas de un George Steiner se confirman, pasarán dentro de no mucho tiempo a las catacumbas [3]. Entonces la creamos a base de valores, o empobrecemos nuestras ideas con tantas imágenes, Debord nos dice que las meras imágenes (visuales) aun combinadas con las auditivas que generan "apariencia" las convertimos en reales de tal manera que en el diseño resulta ser alienante para el habitante, por que privilegian solo al sentido de la vista mediatizada [4].

Podemos ver el claro ejemplo en aquellas personan que compran casas en zonas altamente populares, con vecinos de renombre, que lo único que están comprando es "apariencia", "moda" sin pensar lo que realmente les pude ofrecer esa vivienda, si cumple con sus expectativas, costumbres o modos de habitar; también nos comenta que "que el espectáculo es el mal sueño de la sociedad moderna" que no expresa más que su deseo de dormir. En este sentido si las pautas de diseño son regidas por ese espectáculo la resultante es una incoherencia [5]. Lo que me hace recordar aquella casa que visite en alguna ocasión, casa de un luchador con gustos curiosos, quien solía comprar excentricidades a mi tía, una vendedora de antigüedades de todo tipo, el luchador quien desde mi punto de vista compró un mal sueño de la sociedad moderna, su casa, una casa minimalista, una casa moderna, pero una casa curiosa; él compró sólo un cascaron moderno, pero fue su interior curioso al grado del kitsch, gran cantidad de estilos, y gustos diversos, donde imprimió la esencia misma del habitante, lo que resulto una Incoherencia.

El espectáculo es la concretización del "exilio de los poderes humanos a la nada" (G.D. 20), Cuando no tomamos en cuenta estos poderes humanos en este proceso proyectual pasa como cuando a algunas comunidades indígenas les otorgan casas, creyendo que esto solucionara sus problemas, sin tomar en cuenta sus formas de obtener, preparar, servir e ingerir los alimentos, sus prácticas, creencias, ritos, ceremonias, tradiciones o costumbres, en ciertos casos utilizan la cocina como gallinero, que mejor tener a sus gallinas protegidas y utilizar su jardín para cocinar, o en otros casos, donde el wc lo llegan a utilizar como macetero y construyen su baño afuera, simplemente lo llevan a la nada. Como arquitectos hoy en día parece que estamos en una precisa y perfecta escisión, ya que nuestros diseños tienden a un exilio de los poderes humanos, otro ejemplo es que aunque las tendencias apunten al minimalismo, frecuentemente encontramos en la ocupación de estos espacios la protesta a ellos, continuando con Guy Debord, quien argumenta que el espectáculo es el mal sueño de la sociedad moderna encadenada, que no expresa más que su deseo de dormir, hoy en día en el hogar el centro del espectáculo es el artefacto de la mediatización que es la televisión, en nuestras casas debe dar cabida la convivencia de la familia, la cocina es uno de los lugares que proporcionan esta convivencia, sin embargo, el espectáculo absorbe a los habitantes alejándolos de todo.

El diseño de las casas sería diferente, si se considera que la vivienda se puede re significar, tomando en cuenta al usuario en el transcurso del tiempo, para que el diseño sea flexible, adaptable, para luchar contra el espectáculo, que nos enajena, nos duerme y nos lleva al mundo de las apariencias.

Para el área de diseño arquitectónico es indispensable el dialogo con las esencias del ser humano para de ellas decantar las pautas, a las cuales deberá estar sujeto todo lo referente a lo cuantitativo, [6] por lo tanto debemos restablecer la relación con los usuarios.

Y como nos dice Catells: El origen y quizá el destino mismo de la ciudad parecen estar estrechamente vinculados al despliegue tecnológico que le garantiza seguridad y comodidad al citadino habitante; "es indiscutible el papel esencial que la tecnología juega en la transformación de las formas urbanas" [7], sin embargo, no debemos satanizar esta sociedad o civilización del espectáculo, precisamente los responsables de las pautas somos nosotros los arquitectos, los encargados de tener un dialogo y obtener de ello no sólo el espectáculo sino la esencia y los poderes humanos, ya que es bueno si hay dialogo con el espectáculo, pero no un sometimiento a él, el espectáculo es el poder económico de hoy en día, y queremos un dialogo con él, pero no un monólogo auto elogioso de él.

Considerando esto, la imagen la podemos utilizar como una estrategia, tratando de ver a la ciudad como la mejor posible, como un ideal para vivir, producir, competir, la ciudad debe seducir, por eso la imagen y la mediatización no la debemos del todo odiar, es importante porque detrás de ellas hay recuerdos, novelas, relatos, notas de viajes, poetas, tal como pasa con los relatos de Italo Calvino. "Las ciudades invisibles" son un sueño que nace del corazón de las ciudades invivibles, y quien nos dice que la imagen de la "megalópolis", es la ciudad continua, uniforme, que va cubriendo el mundo, la ciudad es un conjunto de muchas cosas: memorias, deseos, signos de un lenguaje.

Por consecuente, la ciudad no es sólo mente o azar, es creada por el hombre, por su mente, por su imaginación, por la experiencia urbana y por la mediatización, creando ciudades de sueños, propaganda, luces, siempre transformándose, mutando, cambiando, por la cultura y sus usuarios.

Notas
1. Ledrut, R. "El espacio social de la ciudad", Buenos Aires: Amorrortu, 1974, pp. 23,24.
2. Lynch, K., "La imagen de la ciudad", Barcelona: Gustavo Gilli, 1984.
3. Llosa, M. V. "La Civilizacion del Espectáculo", Madrid: Santillana Ediciones Generales, S. L. 2012, p.13.
4. Debord, G., "La Sociedad del Espectaculo". Paris: Ediciones Naufragio, 1977, p. 18.
5. Debord, G., *"op. cit",* p. 21.
6. Debord, G., *"op. cit",* p. 23.
7. Castells, M. "La cuestión urbana", 4ª edición. Mexico: Siglo XXI Editores, 1977, (318 pp).

Bibliografía
Calvino I., "Las Ciudades Invisibles", Madrid: Siruela, 2012.
Castells, M. "La cuestión urbana", 4ª edición. Mexico: Siglo XXI Editores, 1977.
Debord, G., "La Sociedad del Espectaculo". Paris: Ediciones Naufragio, 1977.
Ledrut, R. "El espacio social de la ciudad", Buenos Aires: Amorrortu, 1974.
Llosa, M. V. "La Civilizacion del Espectáculo", Madrid: Santillana Ediciones Generales, S. L. 2012.
Lynch, K., "La imagen de la ciudad", Barcelona: Gustavo Gilli, 1984.

Yhessy Aurora Paredes Chávez

… 140

La Alhambra, un ejemplo de trascendencia edificada en relación con el texto:
Habitar, construir, pensar, de Martin Heidegger

MILENA QUINTANILLA CARRANZA

En su ensayo "Habitar, construir, pensar", Heidegger –como en muchos de sus textos- nos plantea la siguiente pregunta: ¿En qué medida el construir pertenece al habitar? Al responder a esta pregunta, se podrá esclarecer "lo que es propiamente el construir pensado desde la esencia del habitar" [1].

Para ello se podrá ejemplificar como lo hace Heidegger con el puente, con una obra arquitectónica, diseñada (pensada), construida y habitable. Sirva como ejemplo para esta reflexión el antiguo Palacio de La Alhambra en la ciudad de Granada, España.

La Alhambra, surgió originalmente sobre el cerro llamado La Sabika, también denominado de San Pedro o la Colina Roja, por el color de su tierra. En este paraje existía una fortaleza muy antigua de origen romano, se piensa que del S.IX, y sobre ella el primer rey de la dinastía nazarí, llamado Alhamar, comenzó a construirla en el año 1239. La Alhambra era una ciudad para el rey nazarí, su gobierno y sus caballeros. También vivían muchas personas que se dedicaban a trabajar en ella.

En 1492, mismo año en que Cristóbal Colón se entrevistó con la Reina Isabel la Católica y consiguió el apoyo para el descubrimiento de América, Granada fue tomada por los Reyes Católicos, comenzando así una nueva era en su historia, cuyo esplendor quedó dominado por la cultura cristiana, y aún más con la venida del emperador Carlos V, construyéndose todos los grandes monumentos religiosos correspondientes estilísticamente con el gótico tardío y el renacimiento. Más tarde, volvería el esplendor en los siglos XVII y XVIII, con las grandes obras del barroco y edificios del post-barroco.

Así, la Alhambra, fue originalmente un palacio y una ciudad amurallada, pero a lo largo de los siglos, ha sido valorada y venerada por múltiples factores que la han convertido en un punto de atracción turística e incluso en un hito de la ciudad. Las razones pueden provenir desde su localización jerárquica en la cima de la alta meseta, la que le otorga privilegiadas vistas, hasta los grandes relatos que hoy día aún se cuentan (sirvan de ejemplo los *Cuentos de la Alhambra* de Washington Irving escritos en 1829) en referencia a leyendas y acontecimientos políticos y religiosos que acontecieron en su interior a lo largo de la historia.

Sin embargo, considero que, hay algo más fuerte en esta apropiación y valoración de la obra espacial, que tiene que ver más bien con lo que nos plantea el filósofo Martin Heidegger en *Habitar, construir, pensar,* para con los mismos habitantes de Granada, pero también con los miles de visitantes que al recorrer sus habitaciones, pasillos y jardines, han quedado maravillados llevándose una experiencia inolvidable con ellos hasta las tierras de donde provengan.

La Alhambra se desarrolla longitudinalmente, "ligera pero fuerte" [2] sobre la colina roja, logrando vincularse con el entorno natural de una manera solemne, desde el valle de la ciudad a sus pies, puede visualizarse como en el verano la piedra que conforma sus murallas, se ilumina acentuando su color rojizo, mientras que en el invierno, las montañas nevadas de la Cordillera Penibética, parecen enmarcarla sin ser evidente para el espectador, si fue primero el paisaje o fue primero el palacio. Contexto natural y obra arquitectónica logran fundirse y ser inseparables.

Cosa similar sucede en su interior, pues los patios vinculan, no sólo los espacios que tienen como fin vestibular, sino que tal como el puente coaliga la tierra con el paisaje. Esto se logra por medio del agua estancada al centro de éstos, la cual refleja el cielo, refleja el entorno natural, pero también el artificial, los muros de yesería decorados minuciosamente, se reflejan también es sus aguas; todo parece un amalgama, nada sobra y nada falta, así se expresa la Cuaternidad en este recinto.

Incluso allí donde la Alhambra cubre la meseta, mantiene la geometría original de la misma, dirigiendo sus remates hacia el cielo "recibiéndola por unos momentos en el vano de sus arcos -y de sus Torres Bermejas- y soltándolos de nuevo" [3]. Todo esto gracias a un excelso manejo de la técnica por parte de sus constructores, o quizás también al deseo de trascendencia que guiaba y cohesionaba a la comunidad durante su construcción.

Valga como argumento para sustentar este logro de apropiación espacial integral y común a los habitantes, mencionar que es curioso, como un recinto concebido para una cultura con creencias, mitos y rituales determinados, pudo ser adaptado a otra con ideales muy distintos. Cuando frecuentemente se aprecia lo contrario, una imposición arquitectónica en aras de un cambio de régimen político y religioso en las ciudades; aquí, en la Alhambra se respeta la mayor parte de la configuración nazarí, no se impone, se compone y se vinculan ambas comunidades atemporales, al incorporar espacios que cumplan con las nuevas actividades desarrolladas por sus nuevos habitantes.

En resumen y parafraseando a Heidegger, La Alhambra "coliga según su manera cabe si tierra y cielo, los divinos y los mortales" [4]. Como el puente, la Alhambra no fue primero Palacio y Fortaleza y luego un símbolo, sino que fue símbolo y construcción desde que se concibió y erigió.

Martin Heidegger nos explica que según una antigua palabra en el alemán *thing* actualmente "cosa", pero cuyo significado era esencialmente "coligación"; las cosas no pueden ser cosas, en tanto que no logren coligar la Cuaternidad como lo logran las construcciones del tipo de La Alhambra o un puente que reúne no sólo dos orillas, sino dos plazas, dos parajes, a la corriente de agua, al cielo, y a los divinos con los mortales.

Así, La Alhambra no sería una construcción si antes no fuera una cosa, al coligar nos es digno de ser interpretado, valorado y apropiado. Asimismo, a merced de esta majestuosa construcción, se instauró un lugar y esto ocurrió gracias a su construcción, que permitió a los usuarios y visitantes, habitar y ser en el espacio, antes era un sitio, después una cosa que coliga la cuaternidad, y sólo así se convierte en un lugar. Por otra parte, sus fronteras (murallas) no son aquellas en donde el lugar instaurado termina, sino "aquellas a partir de donde algo comienza a ser lo que es (comienza su esencia)" [5]; y éstas, se abren permitiéndonos contemplar y recorrer los espacios, al tiempo que nosotros mismos también formamos parte de esta coligación.

Pero, ¿en qué referencia están lugar y espacio?, ¿en qué referencia está la Alhambra con su espacio?, Heidegger dilucida esta cuestión expresando que: "Los espacios que nosotros estamos atravesando todos los días están aviados por los lugares; la esencia de éstos tiene su fundamento en cosas del tipo de las construcciones" [6]. Porque nosotros no somos y aparte es el espacio, somos en el espacio y residimos sobre las cosas. De ahí que se pueda considerar la estrecha relación que existe entre nosotros y las construcciones; sin embargo, no toda construcción tiene la capacidad de aviar un lugar, y de ahí que nos podamos empezar a responder ¿por qué algunas construcciones pueden llegar a no decirnos nada y a no importarnos nada?

Esto se debe a que: "El respecto del ser humano con los lugares y, a través de los lugares, con espacios, descansa en el habitar pensado de un modo esencial" [7]. Es decir, si un lugar instaurado por medio de una construcción, no promueve que acontezca un verdadero *habitar*, entonces no se coliga con los mortales y por tanto se fractura la *cuaternidad*, se convierten en meros alojamientos, moradas o envolventes que nos cobijan, en el mejor de los casos, pero no en viviendas que nos permiten desarrollarnos como seres humanos y vincularnos con el todo que nos rodea. Así, "la esencia del construir es en la que descansa lo que corresponde al tipo de estas cosas, consiste en un instituir y ensamblar espacios" [8].

Sólo cuando se llega a este "ensamblaje cósico de las construcciones...- nos dice Heidegger- ...se está más cerca de la esencia de los espacios y del provenir esencial "del" espacio que toda la geometría y las matemáticas" [9]. Quizá no es fácil, pero sí posible, construir este tipo de lugares que ensamblan al todo con las partes y a las partes con el todo contribuyendo a que acontezca un verdadero habitar cabe las cosas y en el espacio, porque "la esencia del construir es el dejar habitar" [10], tal como se vio que sucede con *el cuidar*, dejando que algo sea y se desarrolle en su esencia. Esto se logra "dejando aparecer a esto en lo presente" [11] las cosas y los lugares, tal como la escultura; revelan lo que quieren y lo que deben ser, en tanto las construyamos por medio de la *técnica* [12], y las dejemos desarrollarse en su esencia.

La tesis que nos expone Heidegger, consiste en que "sólo si somos capaces de habitar podemos construir" [13], y quizás el problema y la penuria de viviendas se deba a esta razón y no a la

La Alhambra, un ejemplo de trascendencia edificada en relación al texto: | Habitar, construir, pensar, de Martin Heidegger falta de viviendas en sí, porque "construir y pensar son siempre, cada uno a su manera ineludibles para el habitar" [14] y serán insuficientes mientras se vean como dos fenómenos aislados. La solución y respuesta a los problemas actuales de habitación, plantea el filósofo, podría residir en que "el ser humano no considera aún la propia penuria del morar como la penuria" [15], pues hemos visto que ser y habitar son la misma cosa, pero si no se hace conciencia de ello, ¿cómo poder solucionar el uno sin considerar la otra?

Cabría entonces, reflexionar y analizar ejemplos como el mencionado en el presente ensayo, en el cual se dilucida que el habitar y el construir dependieron el uno del otro, pues el imponente pero cálido palacio, fue construido desde el habitar y se pensó para el habitar, logrando así, su apropiación y trascendencia a través de distintas culturas y del paso del tiempo.

Notas
1. Heidegger, M., "Habitar, construir, pensar", conferencias y artículos, Barcelona: Serbal, 1994, p.5.
2. Ídem.
3. Ídem.
4. Ídem.
5. Heidegger, M., *op. cit.*, p.6
6. Heidegger, M., *op. cit.*, p.7
7. Heidegger, M., *op. cit.*, p.8
8. Ídem.
9. Ídem.
10. Heidegger, M., *op. cit.*, p.9
11. ídem.
12. Entendida como los griegos en la palabra τέχνη: "dejar que algo como esto o aquello, de esto modo o de este otro, aparezca en lo presente."
13. Heidegger, M., *op. cit.*, p.9
14. Heidegger, M., *op. cit.*, p.10
15. Ídem.

Bibliografía
Heidegger, M. "Habitar, construir, pensar", conferencias y artículos, Barcelona: Serbal, 1994.

Milena Quintanilla Carranza

Una lectura del texto "Construir, habitar, pensar" de Martín Heidegger

MARCOS VINICIUS TELES GUIMARAES

Comienzo
Domingo, 15 de abril de 2001. Me despierto a las siete de la mañana dispuesto y listo para realizar mis acciones diarias. Bajo a la calle para mi corrida matinal -ejercitar el aparejo respiratorio- y en seguida me dirijo a la panadería. Me conviene una ducha para sacar el sudor ya seco sobre la piel, para en seguida saborear un fortificante desayuno. Lavar los trastes acumulados en la cocina desde la noche anterior y cepillar los dientes constituyen aquellas labores que en un mundo utópico podríamos dispensar. Ahora sí, me encuentro en un estado de ánimo en el cual debo decidir a qué dedicaré mi tiempo.

Miro por la ventana y percibo un asoleado día de primavera. Inmediatamente a este deleite sensorial, surge una luz divina que me indica el camino a proseguir para la próxima actividad: acercarme a un sugestivo texto del filósofo Martin Heiddeger, titulado *Construir, habitar, pensar*. Este es un ensayo derivado de una conferencia impartida por dicho autor, comúnmente usado como referencia por teóricos de la disciplina arquitectónica que tratan de discutir las relaciones existentes entre los espacios y lugares, entre el diseñar y el habitar. El interés por este documento deriva de la aportación e importancia en la arquitectura y tiene como objetivo final la producción de un ensayo analítico para la disciplina Arquitectura y Humanidades de la maestría en arquitectura.

Botella de agua estratégicamente colocada al lado del sillón y tampones de oído de silicona acomodados contra el ruido del tráfico urbano, ya nos encontramos preparados para que la lectura fluya de manera consistente y concentrada. O bien, así lo esperamos.

Medio (1)
El texto trata básicamente de discutir el significado sobre el habitar y el construir. Este pensar sobre el construir no debe ser tomado únicamente en el sentido arquitectónico, sino que se pretende interpretar dicho término más bien como todo aquello que "es". La estructura del texto es dividida claramente por Heiddeger en dos partes que se originan según las respectivas preguntas formuladas por el autor.

Parte I
¿Qué es habitar? ¿En qué consiste la esencia del habitar?

Nosotros construimos para habitar, respetándose aquí una relación de medio y fin. Sólo logramos habitar por medio del construir. Construimos nuestras moradas para después habitarlas. Pero tener una vivienda bien dimensionada, práctica, con buen confort ambiental y con un razonable costo de mantenimiento, ¿garante a nosotros un pleno y satisfactorio habitar? Podemos decir que estas afirmaciones no son verdaderas en la medida en que, siguiendo el esquema medio-fin del construir para habitar, estamos desfigurando las relaciones esenciales presentes en la significación de dichos términos. Esta distorsión de las relaciones esenciales existentes entre estas dos entidades, se encuentra sostenida por la caracterización que el lenguaje atribuye a las palabras. La explicación de la esencia de una cosa viene de la esencia del propio lenguaje. Así se presume que una atención prestada al uso del lenguaje, nos llevaría a clarificar también la esencia de las cosas que a ella se refiere.

¿Qué significa entonces construir? Si analizamos el término del alto alemán antiguo «bauen» (construir), veremos que nos hace una seña sobre cómo debemos pensar el habitar, pues significa en sí mismo habitar, permanecer, residir. Pero si morar significa habitar, estamos llevando en cuenta el modo que el hombre vive junto a las cosas. El término "bauen", por otro lado, se origina de la palabra "bin", que significa "soy". Luego, el modo como tú eres, yo soy, la manera según la cual los hombres somos en la tierra es el "buan", el habitar. Nuestro estado existencial primitivo ya significa en si habitar, que a su vez ya conlleva un sentido de abrigar y cuidar. El "bauen" se despliega además en el construir como edificar ("aedificare" en latín), un erigir que, juntamente al cuidar, va a constituir el conjunto de fenómenos por el cual se cumplimenta el habitar. Luego estas actividades reivindican el nombre de construir y con él la cosa que este nombre designa. El sentido propio del construir, a saber, el habitar, cae en el olvido. Siempre se ha pensado que el hombre es el creador y dueño del lenguaje, y que este puede y debe ser usado como medio de expresión de su forma de vida. En verdad, lo que ocurre es que el lenguaje es y ha sido siempre la entidad suprema y dominadora de los hombres, inversión que hace que nosotros seamos llevados a una visión equivocada de los hechos; el lenguaje le retira al hombre lo que aquél, en su decir, tiene de simple y grande; el habitar no se piensa nunca como rasgo fundamental del ser del hombre. Resistiéndonos así a este poder deformante del significado propio de la palabra construir, podemos decir que construimos y hemos construido en la medida en que habitamos, es decir, en cuanto que somos los que habitan.

Pero ¿en qué consiste la esencia del habitar? A partir del antiguo sajón "wuon" y el gótico "wunian", encontramos en el habitar un estar en paz, permanecer a buen recaudo, cuidar; cuidar, como re albergar algo en su esencia. El rasgo fundamental del habitar es entonces este cuidar (mirar por); y si en el habitar descansa el ser del hombre, podemos concluir que es en sí la manera como los mortales son en la tierra. Cuando imaginamos algo en la tierra, este algo también se encuentra bajo el cielo, ante los divinos y junto a los mortales. Esta unidad de ellos designamos la Cuaternidad. Pero si, como mencionamos anteriormente, el rasgo fundamental del habitar es el cuidar, los mortales habitan en el modo como cuidan la Cuaternidad en su esencia. Luego, los mortales habitan en la medida en que: salvan la tierra, reciben el cielo, esperan a los divinos y conducen a su propia esencia.

Pero el habitar no es únicamente cuidar la Cuaternidad, pues ésta es residida por los mortales y está al mismo tiempo aviada por las cosas mundanas. El habitar es más bien siempre un residir cabe las cosas; el habitar cuida la Cuaternidad llevando la esencia de ésta a las cosas. Luego, si los mortales abrigan y cuidan las cosas que crecen y erigen propiamente las cosas que no crecen, el habitar, en la medida en que guarda a la Cuaternidad en las cosas, es, en tanto que este guardar, un construir.

Parte II

¿En qué medida pertenece el habitar al construir? Para responder a esta pregunta, Heiddeger nos presenta un ejemplo para aplicar la reflexión: un puente. Pasa entonces a una caracterización de este elemento: el puente deja pasar la corriente de agua, define las orillas en tanto que orillas, califica los paisajes y, finalmente, deja que los mortales la atraviesen.

El puente coliga, según su manera, cabe en sí tierra y cielo, los divinos y los mortales; es una cosa y lo es en tanto que la coligación de la Cuaternidad que hemos caracterizado antes. El puente coliga la Cuaternidad de tal modo que hace sitio a una plaza. Pero sólo aquello que en sí mismo es un lugar puede abrir espacio a una plaza. Antes del puente, hay muchos sitios que pueden ser ocupados por algo. De entre ellos uno se da como un lugar, y esto ocurre por la propia presencia del puente. Luego, el lugar se da por el puente. El puente es una cosa, coliga la Cuaternidad, pero coliga en el modo de otorgar (hacer sitio a) a la Cuaternidad una plaza.

Las cosas que son lugares de este modo, y sólo ellas, otorgan cada vez espacios. Un espacio entendido como algo a lo que se ha espaciado, concedido espacio dentro de una frontera. La frontera entendida como aquello a partir de donde algo comienza a ser lo que es (comienza su esencia). Espacio es lo que se ha dejado entrar en sus fronteras a partir del ensamblaje de lo espaciado, que por su vez coliga la Cuaternidad por medio de un lugar, en nuestro caso un puente. De ahí que los espacios reciban su esencia desde lugares y no desde "el" espacio.

Aclaremos ahora en qué referencia están lugar y espacio. Como ya se ha dicho, el puente es un lugar. Como tal cosa hace sitio a un espacio que, a su vez, contiene distintas plazas más cercanas o más lejanas al puente. Plazas como meros sitios entre los cuáles hay una distancia mesurable que tiene su origen en el latín "spatium" y quiere decir espacio intermedio. Pero el espacio en este sentido no contiene espacios ni plazas; en él no encontraremos nunca lugares. Este tipo de espacio juntamente con lo que hemos caracterizado como "extensio", como pura extensión, es lo que va a venir espaciado junto a los lugares. Pensando a la inversa, podemos decir que los espacios que nosotros estamos atravesando todos los días están dispuestos por los lugares. Si prestamos atención a estas referencias entre lugares y espacios, entre espacios y espacio, obtendremos un punto de apoyo para considerar la relación entre hombre y espacio.

Cuando se discute la relación presente entre hombre y espacio, tendemos a considerar estos dos términos en separado. En la verdad no hay hombres y además espacio, sino que el estado mismo del hombre junto a la Cuaternidad ya se encuentra admitido e instalado junto al espacio. Incluso podríamos decir que podemos estar cerca de un espacio fuera de nuestro alcance en la medida que lo aguantamos en nuestro pensamiento. Luego, si imaginamos el puente y la aguantamos en cuanto lugar, podemos captar su esencia en mayor grado que las personas que usan este elemento todos los días de modo indiferente. Los espacios se abren por el hecho de que se los deja entrar en el habitar de los hombres. Y sólo porque los mortales, conforme su esencia, aguantan espacios, pueden atravesar espacios. El respeto del hombre con los lugares y, a través de los lugares, con espacios descansa en el habitar. El modo de habérselas de hombre y espacio no es otra cosa que el habitar pensado de un modo esencial.

El lugar es un cobijo de la Cuaternidad, pues la admite y la instala. Los lugares, además, dan casa a la residencia del hombre. El producir de tales lugares es el construir mismo. El construir, porque instala lugares, es un instituir y ensamblar de espacios. Este construir erige lugares que avían una plaza a la Cuaternidad. De la simplicidad unitaria de la Cuaternidad, recibe el construir la indicación para su erigir lugares. Las construcciones (lugares) en cuanto cuidadoras de la Cuaternidad, marcan el habitar llevándolo a su esencia y dan casa a esta esencia. La esencia del construir es el dejar habitar. Sólo si somos capaces de habitar podemos construir.

Para sustentar esta última idea, Heiddeger toma como ejemplo una casa de campo. Describe aquí como un cuidado por un modo de vida y el dejar con que la esencia de las cosas simplemente entre en el construir como habitar, ha posibilitado la producción de una casa. Sólo si somos capaces de habitar podemos construir.

El autor concluye el texto partiendo de la identificación de un problema en el habitar el mundo. Los hombres, alienados por el dominio de sí por el lenguaje, tienen dificultad en encontrar el auténtico significado del habitar. Los mortales primero tienen que volver a buscar la esencia del habitar, tienen que aprender primero a habitar. Llevarán el habitar a la plenitud de su esencia, cuando construyan desde el habitar y piensen para el habitar.

Final
¿De qué modo pueden los mortales corresponder a esta exhortación si nos es intentando por su parte, desde ellos mismos, llevar el habitar a la plenitud de su esencia? Llevarán a cabo esto cuando construyan desde el habitar y piensen para el habitar. ¡Ah! Aprovecho el final de tarde de este domingo primaveral para dedicación al completo ocio. Lleno el bolsillo con algunas monedas y cojo un puro por la mitad con su respectivo encendedor. Próximo objetivo: tomar baño de sol en el jardín que hay cerca mi casa. A pocos metros de dicho lugar, paso por una tienda de abarrotes y compro una sabrosa cerveza fría.

Desde la calle veo un banco estratégicamente localizado: en frente al sol que lentamente va bajando tras las casas alrededor del jardín. Los rayos del potente astro chocan contra mi piel produciendo una sensación de calor y energía. El cielo muestra un azul muy claro, rara vez interrumpido por espaciadas nubes grises o, en el extremo derecho, por aviones que se dirigen al aeropuerto de esta urbe de 20 millones de habitantes. Inesperadamente, un pájaro de color café imprime un vuelo rasante y posa en un árbol cerca.

En esta época del año la vegetación se encuentra exuberante y las flores muestran su esplendor en un carnaval multicolor: amarillas, rojas, rosas; repicoteadas, llorosas o erizadas, anuncian su periodo fértil, al mismo tiempo en que garantizan la perpetuación de su especie. Arriba de mi presencia, la copa de un frondoso eucalipto exhibe sus verdes hojas mientras que me bombardea con sus semillas (¿flores?) cónicas. Las aplasto entre mis dedos y llevo la sustancia macerada a mis narinas: un olor cítrico y refrescante invade mi sentido olfativo, ya tan debilitado por la implacable contaminación atmosférica urbana. Enciendo el puro y hecho una larga tragada; expilo el humo y saboreo el gusto amargo dejado en mi boca, amargor este que se mezcla con el de la cerveza. Créame, es una rica combinación.

Los niños aprovechan esta bien dicha tarde para poner en funcionamiento sus poderosos vehículos sobre rodas; patines, bicicletas, triciclos, patinetes y skates pasan en alta velocidad propiciando intenso deleite en los conductores que expresan gran satisfacción en sus largas sonrisas. Los ancianos y sus fieles compañeros caninos desfilan sobre la calzada de la plaza ejercitando sus cuerpos ya marcados por el tiempo. Un padre pasa lentamente sustentando el caminar de su bebé que ensaya los primeros pasos de su larga jornada: "hasta luego", "nos vemos"! Y el sol se va escondiendo tras el horizonte, anunciando el crepúsculo azul oscuro.

Bibliografía
Heidegger, M. "Habitar, construir, pensar", conferencias y artículos, Barcelona: Serbal, 1994.

Sobre los autores

Patricia Barroso Arias
Arquitecta titulada por la Facultad de Arquitectura de la Universidad Nacional Autónoma de México, Maestra en Arquitectura (Mención Honorífica) y doctorando en la misma institución. Impartió cátedra a nivel Licenciatura en la Universidad Tecnológica de México, en la Universidad Latinoamericana y participó como profesor invitado en ISTHMUS Escuela de Arquitectura y Diseño de América Latina y el Caribe en la Ciudad del Saber en Panamá. A nivel posgrado, impartió diversos seminarios en las Maestrías de Arquitectura y Diseño de Interiores en la Universidad Motolinía del Pedregal. Fue Coordinadora General de la revista Arquitectura y Humanidades, CIEP F/A UNAM, tuvo a su cargo la Secretaría Académica de la Escuela de Arquitectura de la Universidad Latinoamericana, fue Coordinadora del nodo México-Argentina de la Red Hipótesis de Paisaje y fue Investigadora en el Área de Investigaciones y Posgrado (APIM) Universidad Motolinía del Pedregal. En el ámbito Internacional ha participado como ponente en diversos foros académicos y desde el 2001 a la fecha, ha publicado diversos ensayos en revistas académicas, especializadas, científicas y de divulgación cultural en países como México, Argentina, Chile, Costa Rica, Perú, Guatemala y España; colaborando también en arbitrajes para la Revista Mexicana del Caribe editada por el Instituto Mora y para Ciencia Ergo Sum editada por la Universidad Autónoma del Estado de México. Ha participado en la elaboración de los libros "La arquitectura en la poesía" y "El espacio en la narración: Arquitectura en la cuentística hispanoamericana contemporánea, una selección", editados por la F/A UNAM, contribuyó con algunos capítulos para el "Cuaderno latinoamericano de arquitectura No. 2", para los libros "Hipótesis de paisaje" de i+p editorial en Argentina y para el libro "De otros asuntos e historias de la arquitectura: interpretaciones poco conocidas o no divulgadas" de la FA/CIEP de la UNAM. Es autora de los libros "Ideas de arquitectura desde la literatura I", "Teoría e investigación proyectual en la producción arquitectónica" y "La expresión arquitectónica, su forma, su modo y su orden", editados por Architecthum Plus, México-USA. Actualmente participa como Tutora para estancias de investigación y como Co tutora en el Programa de Maestría en Arquitectura de la Universidad Veracruzana, es Profesor de Asignatura Nivel "B"

Definitivo en la F/A de la UNAM, donde imparte las asignaturas de Teoría de la arquitectura y de Proyecto, es Coordinadora de Contenido Editorial para la Colección "Arquitectura y Humanidades" en la Editorial Architecthum Plus y participa en el Atlas de Autores de textos teóricos de i+p editorial en Argentina, asimismo realiza varias investigaciones como autora independiente. En el campo profesional ha trabajado en empresas particulares realizando diversos proyectos de vivienda, accesibilidad urbana, diseño de mobiliario y remodelaciones de casa habitación.

Juan Carlos Calderón Romero
Arquitecto. Estudió arquitectura en Oklahoma State University. Vivió muchos años en SanFrancisco, California, donde estuvo asociado con la Firma de Royston Hanamoto Beck y Abey en calidad de Director de Diseño. Retornó a Bolivia en 1972. Entre sus obras arquitectónicas más importantes en la ciudad de La Paz están: Banco Central de Bolivia, Edificio Entel, Centro de Comunicaciones, Edificio Hansa, Hotel Plaza, Edificio de Departamentos Pinilla, Edificio Illimani, EdificioSanta Teresa, Edificio Coban. En Cochabamba: Edificio Los Alamos. En Santa Cruz: Edificio de Correos. Sus diseños han sido publicados en revistas internacionales tales como: Progressive Architecture e Interiores. En 1982 la Galería EMUSA acogió la exposición denominada 'Diez años de arquitectura en Bolivia' (1972-1982), en que Calderón mostró maquetas de sus trabajos. Es seguidor de la Escuela Organicista en arquitectura, cuyo idea es dicha por el propio autor: "El credo organicista es simple: es tener la convicción de que el hombre es, ante todo y primordialmente, un hijo de la naturaleza y que, como tal, debe entonar su vida y su cultura a sus eternas leyes. La Arquitectura Organicista abraza esas leyes y las traduce en formas y espacios que brindan al ser humano un entorno natural en el cual, despojado de las frivolidades y las modas del momento, puede él vivir una vida íntegra y completa. Una vida en la que los falsos dioses del ajetreo cotidiano sean substituidos por los valores más permanentes y más profundos".

Karina Contreras Castellanos
México 1974. Maestra en Arquitectura (mención honorífica) por la Universidad Nacional Autónoma de México, obtuvo el grado en el año 2014 con la tesis "El espacio en el espacio: vacío intangible de potencialidad poética". Realizó sus estudios de licenciatura como arquitecta en la Universidad Iberoamericana, titulándose en el año 2000. Ha realizado además otros estudios de posgrado y especialización en la Universidad Politécnica de Cataluña en Barcelona, España. Su experiencia profesional abarca proyectos independientes y en despachos en la Ciudad de México y Barcelona. Actualmente se dedica a realizar proyectos arquitectónicos por cuenta propia y es docente a nivel de maestría en el Posgrado de la Facultad de Arquitectura de la UNAM en Ciudad Universitaria, México D.F. espaciocuatro33@gmail.com

Efigenia Cubero Barroso
Nacida en Granja de Torrehermosa, Badajoz, ha realizado estudios de Historia del Arte y de Lengua y Literatura en Barcelona, ciudad en la que reside desde la niñez. Es desde hace años corresponsal de *Revistart* (Revista de las Artes) y autora de los libros de poesía, "Fragmentos de exilio", "Altano", "Borrando Márgenes" (prólogo de Manuel Simón Viola); La mirada en el limo; "Estados sucesivos" (Architecthum Plus, México, 2008), con prólogo de Federico Martínez; "Condición del extraño" (La Isla de Siltolá, 2013) con estudio preliminar de Jesús Moreno Sanz; "Punto de apoyo" (Luna de Poniente, 2014) y también, junto al pintor Paco Mora Peral, del "Libro de Artista Ultramar", y "Desajustes", en el número 2 de la Colección de Poesía 3X3 dirigida por Antonio Gómez y en libros como: José María Valverde Imatges i Paraulas (Universidad de Barcelona); "La narración corta en Extremadura. Siglos XIX y XX". Badajoz, Departamento de Publicaciones, col. "Narrativa" (tres tomos). "Meditations", libro publicado en inglés, editado en Birmingham. "Ficciones. La narración corta en Extremadura a finales de siglo" (prólogo e introducciones de Manuel Simón Viola). "Paisatges Extranyats" ("Paisajes extrañados") Edición del Departamento de Publicaciones de la Universidad de Barcelona), "Escarcha y fuego: La vigencia de Miguel Hernández en Extremadura"; "Peut ce vent", serie de poemas para la exposición

multidisciplinar "Lo nunca visto" (traducidos al francés por Alain R. Vadillo) entre otros. Y en revistas, por citar sólo algunas, como *Mitologías, Alga, Siltolá, Norbania, Letralia, Arquitectura y Humanidades*, etc. Ha participado como ponente en Congresos Nacionales e Internacionales y publicado numerosos ensayos en diversas publicaciones de España y América. Parte de su obra ha sido traducida al francés, inglés y portugués.

Juan Manuel De Jesús Escalante
Arquitecto por la Universidad Autónoma Metropolitana en el 2003 (medalla el mérito académico / promedio final: 10), en el 2006 cursa la Maestría en arquitectura con la investigación "CTRL+X: La Arquitectura en la era de la post-revolución digital" (mención honorífica). Realizó diversos estudios en síntesis y composición algorítmica con Super Collider 3, en Arte interactivo con herramientas abiertas, en Actionscript avanzado y en programación avanzada para visualizadores y desarrolladores. Ha recibido diversos reconocimientos, como finalista en los "2012 Data journalism awards" convocados en la Global Editors Network's News World Summit. (PARÍS, FR), fue Becario del Fondo Nacional para la Cultura y las Artes (FONCA) en el programa Jóvenes Creadores, fue Finalista en la categoría multimedia, de la serie cultural ARTESHOCK, convocado por TVUNAM en el 2011, participó en el Programa de Apoyo a la Producción e Investigación en Arte y Medios, Centro Multimedia, CENART / CONACULTA / MX en el 2010 y fue **finalista d**el V Festival OFFF 05 (Barcelona) con el cortometraje animado: "Uqbar". En el 2002 y 2003 obtuvo el Primer lugar a la mejor aplicación multimedia AMU, UNAM. Ha realizado diversos cortometrajes, como: "Artefactos", "Garage" y "Dorkbot // 019", "Uqbar" y "La ruptura digital". Ha presentado las siguientes exposiciones: DESSIN / Piezas seleccionadas / Galería YAM / FR, "PARALELAS CONTEMPORÁNEAS VI" / Galería Oscar Román / MX, "TOPOGRAFÍA ALGORÍTMICA" / Museo Universitario de Ciencias y Artes MUCA-ROMA (Curaduría), "HERMENÉUTICA ALGORÍTMICA" (PAAYM2010) / Galería Espacio Alternativo / CENART / CONACULTA / MX, "PARALELAS CONTEMPORÁNEAS V" / Galería Oscar Román / MX, "INFOGRAPHICS EXHIBITION" / Pieza: 34612, Sho Gallery / Cardiff, UK Cardiff Story Museum /

UK, "CREACIÓN EN MOVIMIENTO" / Pieza: Jardín de la distopía Centro de las Artes, San Luis Potosí / MX, "EXPO *BTCR" / Pieza: diversas bitácoras ilustradas Facultad de Arquitectura, UNAM / MX, "34612" / Presentación de pieza Garash Galería / Col. Roma / MX, ARTE JOVEN AGUASCALIENTES" / Pieza: Miseria/Preludio Museo de Arte Contemporáneo Carrillo Gil / MX y "PRELUDIO: ARTE DIGITAL GENERATIVO" / Curaduría Facultad de Arquitectura, UNAM / MX. Es autor de "Hermenéutica algorítmica", Realität Books; "Artefactos // Arte Digital Generativo" / Realität books / (Co-editor); "Manifiesto" Realität books. Fue miembro fundador del Laboratorio Multimedia de la Facultad de Estudios Superiores Zaragoza // UNAM, 1998 Fundador del estudio de experimentación y reflexión Realität [www.realitat.com] y miembro fundador de la célula Processing **México de la red global Proce**ssing Cities. Desde el 2006 a la fecha es Coordinador del Área Multimedia y profesor del Programa de Maestría y Doctorado en Arquitectura // División de Estudios de Posgrado // Facultad de Arquitectura // UNAM, imparte los Cursos sobre el uso de nuevos medios para el HACER y el proceso creativo en la Universidad Autónoma de Chiapas, en la Facultad de Estudios Superiores Zaragoza (UNAM), la Universidad Autónoma de Chapingo, la Escuela Nacional Preparatoria #55, la Facultad de Estudios Superiores Aragón (UNAM) y la Facultad de Arquitectura, UNAM / GRAY AREA FOUNDATION FOR THE ARTS / GAFFTA (US).

Erika Enciso Sosa
Maestra en Arquitectura por la UNAM, Gerente de Desarrollo para apoyar el negocio de franquicia en los mercados de LATAM, fue Gerente de Bienes Raíces en Walmart (de octubre 2007 a abril 2011) y Gerente de Bienes, Diseño y Construcción (desde abril 2004 hasta octubre 2007).
María Elena Hernández Álvarez
Nació en la Ciudad de México. Doctora en Arquitectura, (Mención Honorífica) UNAM; Maestría en Humanidades, Licenciatura en Arquitectura y Master (MDI) U. Anáhuac. Inicia labor docente en 1972; ha impartido diversas cátedras en la ESIA del Instituto Politécnico Nacional, la Universidad Anáhuac, la Universidad Iberoamericana, la UNAM y el Instituto Superior de Ciencia y

Tecnología, A.C. Fue Directora de la Escuela de Arquitectura del ISCYTAC (Gómez Palacio, Durango. México). Autora del libro *Arquitectura en la Poesía* (UNAM); coautora con la Dra. Margarita León Vega del libro *El espacio en la Narración* (UNAM); autora del libro *Supuestos morfogenéticos de la Arquitectura. El caso de la Catedral Gótica*. Ha publicado artículos en Universidades y en revistas especializadas. Ponente y organizadora en diversos foros nacionales e internacionales. Ha dirigido numerosas tesis de licenciatura, maestría y doctorado. Fundadora y Directora de la publicación en Internet www.architecthum.edu.mx. Fundadora y Directora de Architecthum-Plus, S.C., editores. En ejercicio libre de la profesión ha desarrollado y edificado diversos proyectos arquitectónicos. Titular del Seminario de Área y Taller de Investigación "Arquitectura y Humanidades" en el Programa de Maestría y Doctorado en Arquitectura de la Universidad Nacional Autónoma de México. Medalla "Alfonso Caso", UNAM por tesis doctoral. Miembro del Jurado del Premio Universidad Nacional y Distinción Nacional para Jóvenes Académicos. Reconocimiento de la Dirección General de Estudios de Posgrado UNAM a tesis doctoral en la Colección 2002. Miembro de Número de la Academia Nacional de Arquitectura. Consejera Técnica (2006-2012) representante de los profesores de Posgrado, Facultad de Arquitectura, UNAM.

María Elena Hernández Álvarez
Nació en la Ciudad de México. Doctora en Arquitectura, (Mención Honorífica) UNAM; Maestría en Humanidades, Licenciatura en Arquitectura y Master (MDI) U. Anáhuac. Inicia labor docente en 1972; ha impartido diversas cátedras en la ESIA del Instituto Politécnico Nacional, la Universidad Anáhuac, la Universidad Iberoamericana, la UNAM y el Instituto Superior de Ciencia y Tecnología, A.C. Fue Directora de la Escuela de Arquitectura del ISCYTAC (Gómez Palacio, Durango. México). Autora del libro *Arquitectura en la Poesía* (UNAM); coautora con la Dra. Margarita León Vega del libro *El espacio en la Narración* (UNAM); autora del libro *Supuestos morfogenéticos de la Arquitectura. El caso de la Catedral Gótica*. Ha publicado artículos en Universidades y en revistas especializadas. Ponente y organizadora en diversos

foros nacionales e internacionales. Ha dirigido numerosas tesis de licenciatura, maestría y doctorado. Fundadora y Directora de la publicación en Internet www.architecthum.edu.mx. Fundadora y Directora de Architecthum-Plus, S.C., editores. En ejercicio libre de la profesión ha desarrollado y edificado diversos proyectos arquitectónicos. Titular del Seminario de Área y Taller de Investigación "Arquitectura y Humanidades" en el Programa de Maestría y Doctorado en Arquitectura de la Universidad Nacional Autónoma de México. Medalla "Alfonso Caso", UNAM por tesis doctoral. Miembro del Jurado del Premio Universidad Nacional y Distinción Nacional para Jóvenes Académicos. Reconocimiento de la Dirección General de Estudios de Posgrado UNAM a tesis doctoral en la Colección 2002. Miembro de Número de la Academia Nacional de Arquitectura. Consejera Técnica (2006-2012) representante de los profesores de Posgrado, Facultad de Arquitectura, UNAM.

Jorge Anibal Manrique Prieto
Maestro en arquitectura (mención honorífica), UNAM. Arquitecto de la Universidad Nacional de Colombia, sede Bogotá; con profundización en vivienda. Ha trabajado en investigaciones de entidades públicas en Bogotá, como diseñador de proyectos en entidades privadas, y como profesor adjunto de posgrado en la Facultad de Arquitectura de la UNAM. Fue ganador de un primer puesto en la "X Anual de Estudiantes de Arquitectura" de la sociedad colombiana de arquitectos, con su proyecto de grado de licenciatura titulado: "Vivienda de alta densidad: Calidad en el Habitar". Proyecto que ha sido publicado en las revistas Escala Colombia y Replanteo. Ha participado en diferentes congresos y encuentros académicos como asistente y como ponente: en Noviembre de 2012 participó en el "XXIV Congreso Panamericano de Arquitectos" en Maceió, Brasil. Y en el año 2013 colaboró como parte del comité organizador y como ponente del "1er. Encuentro Académico Internacional: Reflexiones en torno al proyecto arquitectónico" organizado entre las maestrías en arquitectura de la UNAM y la UNAL, evento que se realizó en Bogotá, Colombia. Actualmente trabaja en una ONG desarrollando proyectos de infraestructura educativa para lugares marginados en México.

Norma Guadalupe Martínez Arzate
Nace en la Ciudad de Toluca, Estado de México. Graduada en la Facultad de Arquitectura y Arte de la Universidad Autónoma del Estado de México en 1993. Tesis profesional de vivienda ecológica residencial en Metepec. Diplomada en el manejo de computadoras compatibles PC de la Facultad de Arquitectura de la UNAM. Seminario de Arquitectura de Paisaje en la UAEM. Realizó estudios de posgrado en la Facultad de Arquitectura de la UNAM y se especializó en Valuación de Bienes Inmuebles en la Universidad Autónoma del Estado de México.

Marcos Mejía López
Licenciatura en Arquitectura en la Facultad de Arquitectura y Arte de la Universidad Autónoma del Estado de México (UAEM). Realizó estudios de posgrado en la Universidad Politécnica de Cataluña y en la Escuela Técnica Superior de Barcelona, España y obtuvo el título de Doctor en Arquitectura "cum laude" en la Real Académica Catalana de Bellas Artes de San Jorge, Barcelona. Ha publicado diversos libros y artículos. Es Vicepresidente de Gaudí Club, con sede en Barcelona, y subsedes en Alemania, Inglaterra, Países Bajos y Japón; consultor de obras antiguas del Instituto Nacional de Antropología e Historia; coordinador general del Seminario de Profesores de la ASINEA; consultor del Patrimonio Antiguo Construido en la UAEM; restaurador de monumentos antiguos por la Cátedra Gaudí de la Universidad Politécnica de Cataluña; profesor de diversas asignaturas y conferencista en el área de Conservación del Patrimonio Histórico. Forma parte del CNI-2000.

Yhessy Aurora Paredes Chávez
Licenciada en Arquitectura, egresada de la Universidad Veracruzana Campus, Xalapa, Veracruz. Ha realizado estudios de posgrado en la Universidad Politécnica de Madrid, España, Trabajado en proyectos de vivienda e ingeniería civil. Actualmente ejecutando su tesis de la maestría en la Universidad Nacional Autónoma de México, en el campo de Diseño Arquitectónico, y se encuentra desarrollando la investigación del siguiente tema: Implementación del diseño arquitectónico participativo en la ciudad compacta del S.XXI. Caso

de estudio vivienda multifamiliar vertical de interés social en la zona metropolitana de la ciudad de México.

Milena Quintanilla Carranza
(1986) Arquitecta por la Universidad Nacional Autónoma de México. Actualmente estudia la maestría en el campo de Diseño Arquitectónico e imparte clases de proyectos en el primer nivel de licenciatura de la misma institución. Asimismo, colabora en la Coordinación de Contenido Editorial del Comité Editorial para la Colección Arquitectura y Humanidades editada por Architecthum Plus. Ha laborado en diversas ramas de la arquitectura, como la planeación, la elaboración de proyectos ejecutivos y la administración de proyectos. Su interés en la docencia y la investigación giran en torno a la poética en la arquitectura, la creatividad y el proceso del diseño; por lo cual su integración se expresa en su trabajo de investigación titulado: "Resignificación de la creatividad arquitectónica. Hacia el diseño y construcción de espacios poéticamente habitables".

Marcos Vinicius Teles Guimaraes
Arquitecto y urbanista (UFMG-Brasil), Maestro en Arquitectura por la FA UNAM, Doctor en Arquitectura por la Universidad Politécnica de Cataluña y docente del curso de Arquitectura y Urbanismo en Arquitectura en la Universidad Federal de São João del-Rei.

Otros títulos de la Colección **Arquitectura y Humanidades**:

Volumen 1:
Perspectivas de la arquitectura desde las humanidades I

Volumen 2:
Poética arquitectónica I

Volumen 3:
Espacios Imaginarios I

Volumen 4:
Arquitectura y lo sagrado I

Volumen 5:
Historiografías e interpretaciones de los hechos arquitectónicos I

Volumen 6:
Arquitectura, lugar y ciudad I

Volumen 7:
Paisajes arquitectónicos I

Volumen 8:
Existiendo, habitando lo arquitectónico I

Volumen 9:
Un encuentro de la arquitectura con las artes I

Volumen 10:
Enfoques de la arquitectura desde la filosofía I

Volumen 11:
El espacio privado e íntimo I

Volumen 12:
Reflexiones en torno a un método del diseño arquitectónico I

Volumen 13:
Reflexiones en torno a la crítica del diseño arquitectónico I

Volumen 14:
Reseñas I

Volumen 15:
Luis Barragán

Volumen 16:
La casa

Volumen 17:
Percepción poética del habitar I

www.ingramcontent.com/pod-product-compliance
Lightning Source LLC
Chambersburg PA
CBHW020901090426
42736CB00008B/459